edition M
Bibliothek der Provinz

Waltraud Faißner
WIE MANN DIE LINZER DORTTEN MACHT
Historische Rezepte zur „Linzer Torte“ aus der Kochbuchsammlung
der Bibliothek des Oberösterreichischen Landesmuseums
Verlag: *edition* M Bibliothek der Provinz, A3970 Weitra
ISBN 3-85252-576-4
Umschlagfoto: MS 212 Kochbuch der Barbara Danner, Gmunden 1822. Titelblatt

WIE MANN
DIE LINZER DORTTEN
MACHT

Historische Rezepte zur „Linzer Torte“
aus der Kochbuchsammlung
der Bibliothek des Oberösterreichischen Landesmuseums

bearbeitet von Waltraud Faißner

Koch=Buch
1784

INHALTSVERZEICHNIS

VORWORT

Gute Mehlspeisen gehören wie selbstverständlich zu einer traditionell gepflegten österreichischen Kulturidentität. Bis hin zum zeitgemäßen product placement in Hollywoodfilmen (z.B. Mannerschnitten in Terminator III) geht hier der konsequente Aufbau einer Kulturzuordnung – die allerdings in ihrer Betrachtung doch vergleichsweise jung ist. Mozartkugeln oder Sachertorten oder Mannerschnitten sind erst in den letzten Jahrzehnten zur typisch österreichischen Tradition geworden.

Bei der „Linzer Torte" ist das ein wenig anders. Die ältesten Rezepte dieses Backwerks mit dem klaren Linz-Bezug stammen aus dem Ende des 17. Jahrhunderts und finden sich, im Laufe der Jahrhunderte kontinuierlich verändert, erweitert und variiert, bis in die Gegenwart. Ein Blick in die historische Entwicklung der Rezeptur der Linzer Torte ist daher nicht nur von Interesse, um festzustellen, welche Konditorei heute mit Recht behaupten kann, die Original-Linzer Torte im Sinne der oberösterreichischen Wahrheit zu verkaufen. Dieser Blick ermöglicht vor allem auch einen kurzen Exkurs in die Geschmacksgeschichte, hat sich doch die Linzer Torte in ihrer mehr als 300-jährigen Geschichte vielfach verändert. Die frühesten Rezepte zeigen uns eine Torte, die mit der heute bekannten wenig zu tun hat. Die charakteristischen Zutaten wie Zimt, Nelken und Haselnüsse fehlen; ebenso das (heute) charakteristische Gitterwerk und oft auch die Marmeladenfüllung. Sind es in der Frühzeit also geriebene Mandeln, Zitronen oder gar Schweineschmalz, die eine Linzer Torte zu einer solchen machen, so verbindet doch ein Charakteristikum alle Torten der einzelnen historischen Stationen: Sie orientieren sich an einem Mürbteig und schmecken über viele Jahrhunderte immer dann am besten, wenn dieser Teig ja nicht zu trocken gemacht wird.

Mit der vorliegenden Publikation beweisen die Oberösterreichischen Landesmuseen einmal mehr, dass museales Sammeln höchst praktisch in den Lebensalltag eingreifen kann. In unserer Bibliothekssammlung, die seit der Gründung des Museums 1833 besteht, findet sich neben anderen wertvollen Schriftstücken auch eine Fülle höchst interessanter Kochbücher mit unterschiedlichen Rezepten der Linzer Torte. Dem forschenden Geist von Waltraud Faißner, der Leiterin unserer Bibliothek ist es zu verdanken, dass die vorliegende Rezeptesammlung aus diesen Publikationen zusammen gestellt wurde. Die jeweiligen Maßeinheiten wurden aktualisiert und – was in diesem Zusammenhang nicht unwesentlich ist, – alle Torten wurden von Frau Faißner nach den Originalrezepten gebacken und von kritischen Gaumenmenschen verkostet. Das sinnliche Vergnügen verbindet sich – wie immer bei einer positiven Museumserfahrung – mit einem Erkenntnisgewinn: Die Linzer Torte schmeckt deshalb immer gut, weil sie sich zu allen Zeiten um substantielle Geschmacksintensität (sprich entsprechenden Fettgehalt) bemüht. Sie ist ein jahrhundertealtes Identitätszeichen einer Stadt und einer Region und ermöglicht dem historisch Interessierten in wunderbarer Weise eine vielfältige Reise in die Vergangenheit.

Die Direktion der Oberösterreichischen Landesmuseen bedankt sich bei den Bibliotheksmitarbeitern sehr herzlich für die umfassende Arbeit an dieser Publikation und hofft, dass vielen Leseren in Zukunft schon beim Klang des Wortes „Linz" das Wasser im Munde zusammenlaufen möge.

Peter Assmann
Direktor der Oberösterreichischen Landesmuseen

Aus dem Gesamtbestand der Kochbuchmanuskripte der Museumsbibliothek

EINLEITUNG

Die Bibliothek des Oberösterreichischen Landesmuseums besitzt eine Reihe von Kochbüchern, sowohl Drucke als auch Manuskripte. Die Drucke haben einen Erscheinungszeitraum vom 16. Jahrhundert aufwärts, der älteste stammt bereits aus 1552! Das berühmte „Neue Salztburgische Koch-Buch" von Conrad Hagger ist vorhanden und selbstverständlich Maria Elisabeth Niedereder/Meixner mit ihrem populären „Linzer Kochbuch" und das gleich in 11 Ausgaben von 1804–1887. Zeitlich zwischen diesen Werken liegen das „Nutzliche Koch-Buch" des Steyrer Verlegers Holtzmayr und das „Wienerische bewährte Kochbuch" von Gartler/Hikmann*.

Besonders interessant ist aber die Sammlung von handgeschriebenen Kochbüchern aus der Zeit von 1646–1900. Diese Manuskripte sind die Quelle für alle im vorliegenden Buche angeführten Rezepte. Selbstverständlich enthalten die Kochbücher Zubereitungsvorschriften für das ganze breite Spektrum der Kochkunst und nicht nur für Süßes. Wenn man aber ein Rezept durch die Jahrhunderte vergleichen möchte, ist es für Oberösterreicher naheliegend, dies mit dem der „Linzer Torte" zu tun. Kein anderes, mit Oberösterreich verbundenes Gebäck oder Gericht, hat es zu solch internationaler Berühmtheit gebracht und wird auch heute noch im ganzen Land gern gebacken und gegessen.

Es handelt sich um 72 Manuskripte, von denen 40 das Rezept für „Linzer Torte" enthalten, oft sogar für mehrere verschiedene Varianten. Insgesamt sind das 83 Rezepte, die „Linz" im Titel tragen, im Zeitrahmen von 1710–1858. Die Torte (oder der „Linzer Teig") war in den Küchen des 18. Jahrhunderts also schon weit verbreitet und allgemein geschätzt. Das älteste bekannte Linzer-Torte-Rezept stammt übrigens aus einem Wiener Kochbuchmanuskript aus 1696, das in der Wiener Stadt- und Landesbibliothek aufbewahrt wird.

Besonders erfreulich wäre es gewesen, im ältesten, handgeschriebenen Kochbuch der Museumsbibliothek bereits die Bezeichnung „Linzer Torte" gefunden zu haben und somit die älteste Quelle für Oberösterreich beanspruchen zu können. Dieser Ruhm wird uns zwar nicht zuteil, aber die Rezeptvielfalt, die in den Manuskripten der Museumsbibliothek zum Thema „Linzer Torte" zum Vorschein gekommen ist, ist ein kulturhistorischer Schatz, der nicht länger verborgen bleiben soll.

* Balthaser Staindl von Dillingen: Ain künstlichs und nutzlichs Kochbuch Augspurg: Valentin Ottmar, 1552
Conrad Hagger: Neues Saltzburgisches Koch-Buch. Augspurg, Lotter 1718
Maria Elisabetha Niederederin: Das neue große geprüfte und bewährte Linzer Kochbuch in zehn Abschnitten. Linz, im Verlag der k. k. priv. akademischen Kunst- Musik- und Buchhandlung 1804
Nutzliches Koch=Buch. 3. Aufl. Steyr, Joh. Ferd. Holtzmayr 1742
Wienerisches bewährtes Kochbuch. Hrsg. v. Ignaz Gartler, verb. von Barbara Hikmann. 22. Aufl. Wien, Gerold 1799

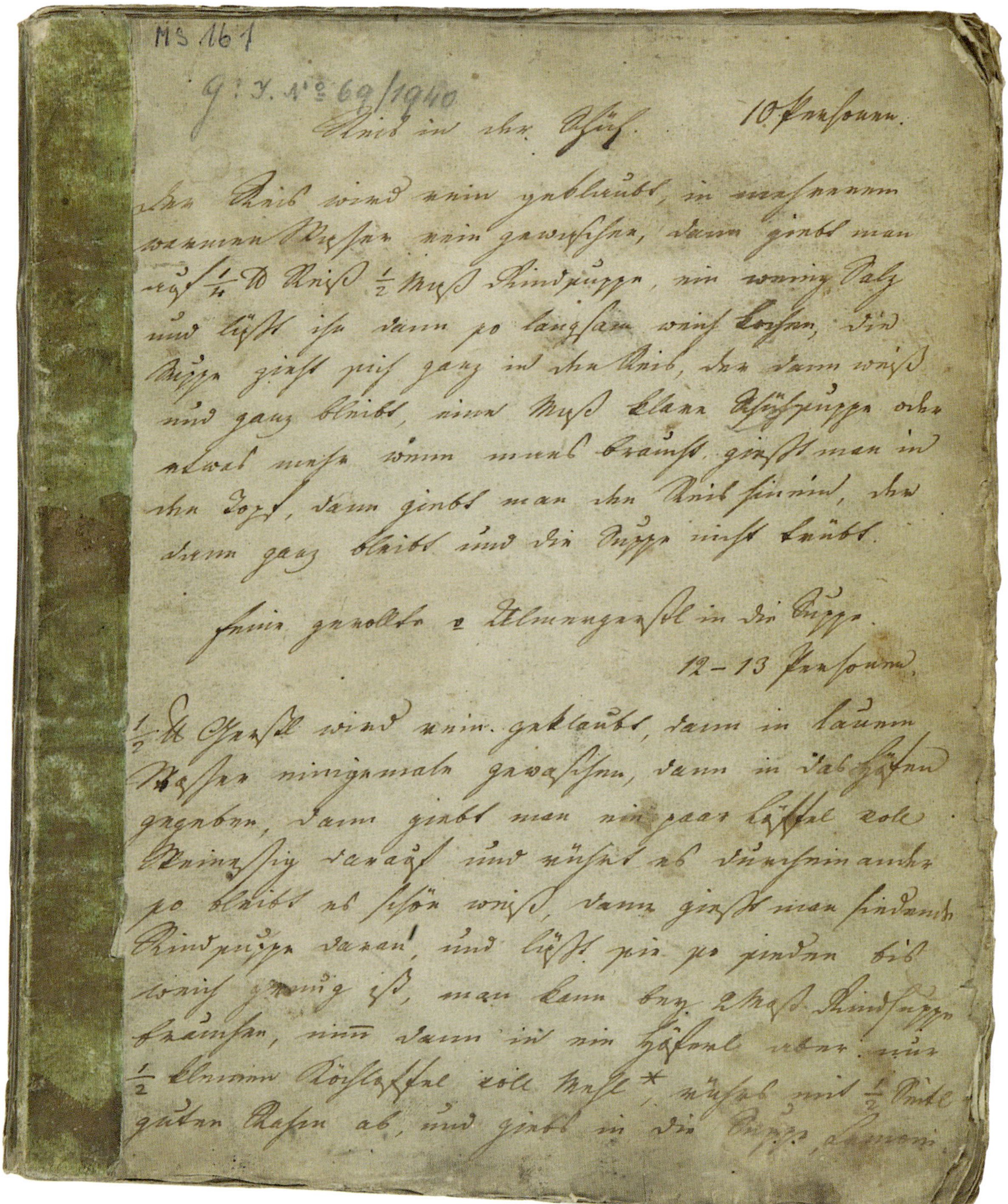

MS 161 Kochbuch in Heftform, ca. 1830

DIE KOCHBUCHMANUSKRIPTE DER BIBLIOTHEK DES OBERÖSTERREICHISCHEN LANDESMUSEUMS

Die Nahrungsbereitung ist ein bedeutender Bereich der Alltagskultur. Manuskripte mit Kochrezepten sind unmittelbare Informationsquellen nicht nur für die Verfasserin/den Verfasser selber, sondern auch für ihre Nachkommen. Kulturgeschichte, Geschichte, Soziologie und Volkskunde bedienen sich dieser Quellen.

Die 72 handgeschriebenen Kochbücher der Bibliothek des Oberösterreichischen Landesmuseums stammen aus der Zeit von 1646 bis ca. 1900.

Der größte Teil des Bestandes kam als Geschenk von Privatpersonen an die Bibliothek, 6 wurden gezielt in Antiquariaten erworben, 15 wurden aus Privatbesitz angekauft. Es kommt auch heute noch vor, dass Privatpersonen ihnen überlieferte Kochbücher dem Museum als Geschenk oder entgeltlich überlassen.

Die Bearbeitung von handgeschriebenen Kochbüchern ist ein ganz spezielles Unterfangen. Sie entsprechen nämlich nicht immer den Anforderungen, die der Bibliothekar Büchern abverlangt. Oftmals gibt es kein Titelblatt oder nur sehr spartanische Angaben zu Verfasser und Zeitraum des Entstehens, die Schriften sind schwierig zu lesen, die Blätter sind ungezählt. Manches Mal ist nicht einmal die Buchform gegeben, sondern der Inhalt setzt sich aus gesammelten Zetteln in einem festen Umschlag zusammen. Kaum ein anderes Werk ist einem so starken Gebrauch unterworfen wie ein Kochbuch – und das merkt man ihm zumeist an: ehemals sehr helle Pergamenteinbände sind dunkelbraun und brüchig geworden,

MS 158 Kochbuch Leopoldine Lachinger, ca. 1830, mit zusammen genähten Buchdeckeln

der Schnitt des Papierblocks vom nahen Liegen beim Feuer ebenso. Bindungen haben sich gelockert, Seiten sind fleckig und eingerissen. In den Sammlungen der Museumsbibliothek befindet sich ein Werk, dessen fehlender Buchrücken noch von der Schreiberin ersetzt worden ist durch Zusammennähen der Buchdeckel mit rotem Band in Hexenstichmanier...
Von reinen, losen Zettelsammlungen war schon die Rede. Sehr oft befinden sich solche als „Beigabe“ in Kochbüchern. Von verschiedenen Händen geschrieben, weisen sie auf eine rege Tauschtätigkeit zwischen den Köchinnen und Köchen hin.
Weiters gibt es Kochbücher in Heftform, ohne festen Einband, die einzelnen Blätter sind meist von Hand zusammengeheftet. Wenn solche Hefte überdauert haben, ist es ein Beweis für einen besonders pfleglichen Umgang mit ihnen und für die Qualität der verwendeten, festen Papiere.
Die Kochbücher in Buchform bestreiten den weitaus größeren Teil der Sammlung. Diese Rezeptsammlungen haben naturgemäß bessere Chancen, Jahrzehnte und Jahrhunderte zu überdauern, auch wenn sie regelmäßig verwendet worden sind. Die Unterschiede im Erscheinungsbild sind trotzdem enorm. Meistens handelt es sich um einfach gebundene Pappbände, die schlicht gefärbt oder mit Kleisterpapier überzogen sind. Manches Mal sind sie auch mit einem Lederrücken ausgestattet.
Bei fünf Bändchen ist als Einband ein Pergamentblatt oder ein auf Holz geklebtes Blatt eines alten Druckes verwendet. Auf einem Manuskript ist als Rückenbefestigung sogar ein Stück einer alten Musikhandschrift angebracht! (MS 142). Pergament erscheint zwar dünn und beweglich, ist aber unglaublich belastbar und auch dauerhaft. In der Sammlung stechen

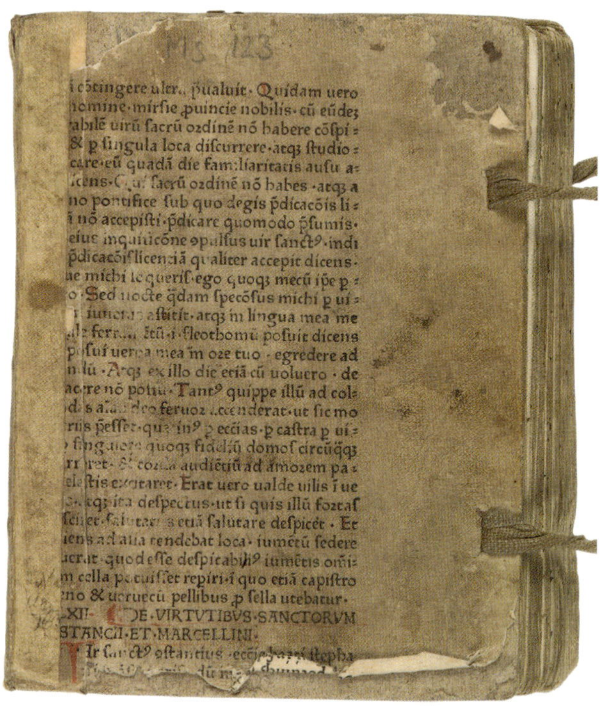

MS 123 Kochbuch der Hellena Haffnerin, Linz 1700. Beide Einbanddeckel sind mit Inkunabeldrucken überzogen, Leinenband-Schließen

MS 150 Koch=Buch der Elisabeth Milnauerin 1803. Kalbsledereinband mit echten Bünden und Blindpressung mit Filete und Rollen auf beiden Deckeln

z. B. ein grellrot und ein leuchtend grün gefärbter Pergamenteinband besonders hervor. Vier Kochbücher sind ganz in Leder gebundene Bände, einer davon (MS 150, 1803) ist sogar mit bemerkenswerter Blindprägung versehen. Diese Werke erwecken den Eindruck, dass geübte Schreiber am Werk gewesen sein müssen, die zudem Sinn für äußere Gestaltung gehabt haben. Die Rezepte sind nach Gruppen geordnet, außerdem finden sich hier nützliche, übersichtliche Register.
Bei mehreren Manuskripten sind noch intakte Bindebänder vorhanden, bei den meisten sind diese aber nur mehr als Reste erkennbar.
Das äußere Format der Kochbücher bewegt sich durchwegs in einer Buchhöhe bis 24 cm, nur ein einziges Werk ist 31 cm hoch. Dieses fällt nicht nur als größtes aus dem Rahmen, sondern auch durch sein auffallendes Äußeres (grün gefärbtes Pergament, kunstvolles, alphabetisches Register; MS 140 1776).
Die Beschäftigung mit der Kochbuchsammlung bereitet Vergnügen für alle Sinne. Oftmals scheint das Wesen der Schreiberin das physische Erscheinungsbild und den Inhalt des Manuskripts zu prägen.
Beim Aufschlagen eines historischen, handgeschriebenen Kochbuches kommt es in den meisten Fällen vor, dass „Beilagen" herausfallen. Diese Funde sind so vielfältig wie die Persönlichkeiten ihrer ehemaligen Besitzerinnen (die handgeschriebenen Kochbücher der Museumsbibliothek stammen, soweit sie mit Namen versehen sind, alle von Frauen).
Zum einen sind vielen Büchern Rezeptzettel beigelegt. Das können oft nur grob gerissene Papierstücke sein mit knappsten Angaben, manches Mal sogar ohne jegliche Benennung der Speise, die da angeführt ist. Dann gibt es getrocknete Pflanzen in bemerkenswert gutem Zustand. Sogar ein Stück Oblate hat sich erhalten. Heiligen- und Totenbildchen geben Zeugnis vom frommen Sinn der Köchin. Es kommt vor, dass ein „Gebeth beim Verlust eines Kindes" neben einem „Mittel gegen Zahn- und Kopfweh" zu finden ist (MS 144).
Auch die Schriftbilder sind sehr aussagekräftig. Es gibt geradezu kalligraphisch schön ausgeführte Werke mit zweifärbiger Tinte geschrieben und deutlich hervorgehobenen Kapiteln und Titeln. Sorgfältig gezogene Rahmenlinien auf jeder Seite gliedern den Text. Hier sind dann auch die Seiten gezählt oder die Rezepte nummeriert. Manches Mal gibt es schon ein alphabetisches Register. Vermutlich haben in solchen Fällen begüterte Hausfrauen Schriftgeübten den Auftrag erteilt, ihre eigenen Rezeptsammlungen in eine schöne Form zu bringen. Es gibt aber auch Rezeptsammlungen, die wegen ihrer ungelenken Schriftzüge sehr mühsam zu entziffern sind oder wo Randpassagen durch vielfachen Gebrauch weggeschabt oder verschlissen sind. Solche Textlücken kann man durch Erfahrung und Vergleich meist auffüllen, ab und zu muss man auch auf einen Begriff oder eine Mengenangabe verzichten.
Die meisten der Manuskripte sind über mehrere Generationen in der Familie weiter gegeben worden. Manches Mal haben sich alle Besitzerinnen namentlich eingetragen. Immer verrät aber ein Wechsel in der Handschrift auch einen Besitzwechsel. Frei gebliebene Seiten wurden einfach für Rezepte der Nachfolgerin genutzt. Leider gibt es nur in Ausnahmefällen eine Datierung solcher Weiterführungen.
Der Inhalt der Kochbuchmanuskripte ist oft systematisch geordnet. Es gibt z. B. Unterteilungen in Suppen, Fleischspeisen, Fastenspeisen, Fischgerichte, Mehlspeisen, Konfekt, Sulze, Koche, Puddings, Gefrorenes, Getränke, Marmeladen, Säfte, Soßen, Grünspeisen, Pasteten, Wild, Eierspeisen, Krapfen.

So manches interessante Spezialrezept, das mit Personennamen verbunden ist, scheint auf: „Radetzkys Lieblingsspeise“ (MS 154/1, S. 149), „Radetzky-Reis“ (MS 120, fol.11)
In vielen Kochbüchern scheinen die Rezepte allerdings einfach fortlaufend festgehalten worden zu sein. Sie sind völlig ungeordnet und dementsprechend schwer wieder aufzufinden. Da kommt es vor, dass ein Rezept für „schwarze Tinte“ gleich neben einer „Magdalenentorte“ steht (MS 148).
Dass die Kochbücher früherer Zeiten nicht rein zur Zubereitung von Speisen gedacht waren, sondern auch der allgemeinen Haushaltsführung dienten, beweist das Vorhandensein von Rezepten ganz anderer Art, z. B. „Die gelben Tücheln schön zu färben“ (MS 141), „Seidenseife“ (MS 223/486) oder „Zimmerwichse“ (MS 154,2) anzufertigen. Sehr oft nehmen auch medizinische Rezepte einen eigenen Abschnitt im Kochbuch ein (MS 118). „Windwasser“ und „Magentinktur“ (MS 141) lassen sich auch in der Küche zubereiten!
Schöngeistige Köchinnen haben in ihren Kochbüchern sogar Stammbuchverse (MS 335) und Gedichte (MS 150) aufbewahrt. In einem befinden sich Notizen über den Einmarsch der Franzosen in Linz 1805 und über die Vereidigung der Bürger auf Napoleon (MS 149).
Es ist ein Erlebnis, sich auf die barocke Sprache und Ausdrucksweise einzulassen. Wenn man die einzelnen Rezepte vergleicht, kann man sehr knappe, auf das Notwendigste beschränkte Stile erkennen und wortreiche, jeden Arbeitsvorgang genau erfassende.

MS 119 Koch-Buech zugehörig Maria Francisca Voglin, 1738. Kalligraphisch gestaltetes Titelblatt

Küchengeräte, die Form und Funktion bis heute kaum verändert haben. Teigrädchen, Quirl, Kochlöffel, [Mehl-] Schaufel 18. Jh. Kleingeräte aus Holz waren einem starken Verschleiß ausgesetzt, sie haben nur selten den Weg ins Museum gefunden

BEGRIFFE UND ZUTATEN RUND UM DIE „LINZER TORTE"

Ein Ziel dieser Publikation ist, die Rezepte für die „Linzer Torte" im Rahmen ihres historischen Umfeldes zu zeigen. Zutaten und Arbeitsgeräte, alle Vorgänge um das Backen in barocken Küchen sollen mit Worten und Bildern des 18./19. Jahrhunderts erklärt werden. In den bestens ausgestatteten Küchen von heute und in Geschäften, die das ganze Jahr über alle erdenklichen Lebensmittel bereit halten, sind die Mühen, eine wohlschmeckende und gut aussehende Torte im Jahre 1720 herzustellen, sonst gar nicht so leicht nachzuvollziehen.
Die folgenden Erklärungen sind zum größten Teil aus zwei der bekanntesten Nachschlagewerke jener Zeit entnommen, aus der auch der überwiegende Teil der Rezepte stammt:

Großes vollständiges Universal- Lexikon aller Wissenschafften und Künste. Halle und Leipzig, Johann Heinrich Zedler 1732–1754. 68 Bände

Der „Zedler" darf in keiner renommierten Bibliothek fehlen, schon gar nicht in einer historisch gewachsenen wie der Museumsbibliothek. Großformatig, vielbändig und mit goldgeprägten Rücken bietet er schon rein äußerlich das Urbild eines inhaltsreichen Nachschlagewerkes. Die gesamte Wissensfülle aus den voran gegangenen Jahrhunderten ist im Zedler gespeichert. Er war der letzte erfolgreiche Versuch, alles Wissen der Menschheit in **einem** Alphabet zu konzentrieren. In der Zeit nach Zedler sind notwendigerweise die Speziallexika für die einzelnen Wissenschafts-Disziplinen entstanden und daneben die „Konversationslexika" für das gebildete Bürgertum.

Johann Georg Krünitz: Oekonomisch-technologische Encyklopädie, oder allgemeines System der Staats-, Stadt-, Haus- und Landwirthschaft und der Kunst-Geschichte in alphabetischer Ordnung. Teilw. 2. Aufl. Berlin 1782–1858. 242 Bände

Der „Krünitz" ist ein Übergangswerk zwischen wissenschaftlichem Fachlexikon und Konversationslexikon. Das Werk ist heute noch eine wichtige Quelle für Forscher aller Sparten. Veraltete, unbekannte Begriffe können meist geklärt werden, Entwicklungen eines Gerätes, eines ganzen Produktionsvorganges werden nachvollziehbar.
Man findet spezielle, wissenschaftliche Abhandlungen aus allen Bereichen genauso wie Artikel über Alltagsvorgänge – so auch viele Ausführungen über Lebensmittel, ihre Herkunft, ihre Verarbeitung in Betrieben oder in Haushalten, dafür verwendete Maschinen und Geräte, Handelswege und Preise. Auch sehr interessante Rezepte sind angeführt. Gerade im Hinblick auf das in diesem Buch abgehandelte Thema entsteht ein guter Eindruck von den Arbeitsbedingungen der Zeit, von den Schwierigkeiten der Beschaffung der – zumindest damals – wertvollen Zutaten und der Beurteilung ihrer Qualität. Die Haltbarmachung von Lebensmitteln über längere Zeiträume war notwendig und aufwändig, auch sie wird genau beschrieben.

Titelbild aus M. E. Meixner: Linzer Kochbuch. 18., verb. Aufl. Linz, Eurich 1855. „mit ein par Koch-Büchern lässt sich sehr leicht eine geschickte Köchinn ziehen..."
Diese Köchin ist außerdem an spielerischer Eleganz kaum zu übertreffen.

Kochbücher sind folgendermaßen (und eher geringschätzig) definiert:

Zedler (Bd. 15, Sp.1191):
„**Koch=Buch**, *wird diejenige Beschreibung genennet, darinnen eine Anleitung gegeben werden soll, wie diese und jene Speise zuzubereiten ist. Auch die größten Bücher, so von der Koch-Kunst geschrieben worden {sind}, handeln zwar meinst von der Art und Weise, wie nemlich die Speisen wohlschmäckend und niedlich zuzurichten; weil aber der Geschmack und Adpetit derer Menschen, denen doch durch diese Kunst eine große Gefälligkeit erwiesen werden soll, sehr unterschieden {sind}, zudem wie in der Mode der Kleidung ein Wechsel hält, also hat man wohl keinen vollständigen Unterricht sich von dergleichen Büchern zu versprechen*".

Krünitz (Bd. 42.1788, S. 346):
„Ehedem war die Koch-Kunst eine der geheimen Künste, zu denen man ordentlich feyerlich eingeweiht seyn, und darauf reisen musste, um sie zu lernen, und die sich nur per traditionem oralem fortpflanzte.
Heut zu Tage aber, wo alles offenbar wird, erscheinen die Koch-Bücher bey Haufen, zu großer Freude aller hohen und niedern Koch-Dilettanten, die sich nun mit etwas weniger Mühe in der Praxi dieser schönen und soliden Kunst nach Herzenslust üben können. Unsere so reichlich sich vermehrende Küch- und Haushaltungs-

Literatur hat überdieß noch den großen Nutzen, dass nunmehr jene brave Hausmutter sich mit eine Par Koch-Büchern sehr leicht eine geschickte Köchinn ziehen, und überhaupt ihr ganzes Hauswesen vom Canapé aus besorgen kann…"

Die folgenden Begriffe scheinen in den Rezepten immer wieder auf. Ihre Betrachtung und Erklärung mit zeitgenössischen Worten und Abbildungen rundet das barocke Backerlebnis „Linzer Torte" erst ab. Dass die Backzutaten exotisch und wertvoll waren und das Backen selber Schwerarbeit mit einfachsten Geräten, wird durch die kurzen Abhandlungen deutlich gemacht.

Backen

Zedler (Bd. 5, Sp. 2004):
„Kuche{n}, ist eine Art flaches und rundes oder ablanges Gebackenes von Mehl, Eyern, Milch und Butter mit allerley guten Gewürtze, Mandeln, Rosinen, Zucker, Quarck und dergleichen, vermenget und überstrichen".

Krünitz (Bd. 3, S. 333 ff.):
„Backen, bedeutet in der Stadt- und Land-Wirthschaft, ja in der Koch-Kunst , und bei vielerlei Arten von Bäckern, ein Handwerks- und Kunst-Geschäfte, welches dieses bei allen gemein hat, daß, vermittelst der Hitze des Feuers, eine Speise entweder in dem Ofen oder auf dem Heerd gar gemacht und also die Speise nun wohlschmeckend, nahrhaft und gesund zugerichtet wird. Weil aber das Backen bald eine mehrere, bald geringere Wissenschaft erfordert: also ist das gemeine Haus-Backen zuvörderst vom künstlichen oder nach Handwerks-Art zu verrichtenden Backen zu unterscheiden.

Elisabetha Emerich: Die schwäbisch-bayerische Küche oder neuestes Augsburger Kochbuch. Kempten 1830. Titelbild: Blick in eine wohl ausgestattete Küche des frühen 19. Jh. Neben der offenen Feuerstelle steht bereits ein gemauerter Backofen.

Die ersten Mittel, deren sich die Menschen zum Backen bedienten, waren sehr einfach und unvollkommen. Der Heerd des Camins, ein Loch in der Erde oder in der Asche ein Rost, eine Tortenpfanne und endlich kleine metallene Oefgen, die man tragen kann, sind die ersten Arten von Backöfen gewesen".

Butter, Schmalz

Zedler (Bd. 4, Sp. 2035):

„**Butter** – *ist das dickste oder fettste Theil von der Milch. Der Rahm wird von der Milch abgenommen, in ein Fäßlein, so unten breiter als oben, und mit einem Deckel, in dessen Mitte ein Loch, gethan, mit einem Stiel starck gerührt oder gestossen, bis sich das fette in einen Klumpen zusammen giebet. An einigen Orten wird die Butter an einem gelinden Feuer zerlassen, und wenn sie ausgeschäumet in erdene oder höltzerne Gefäße gegossen. Diese wird* **Schmalz** *genennet. Im Mayen wird die beste Butter gemacht, wenn das Vieh des frischen Grases geniesset. Alter Rom {Rahm} giebt mehr Butter als der frische, sie ist aber nicht so lieblich".*

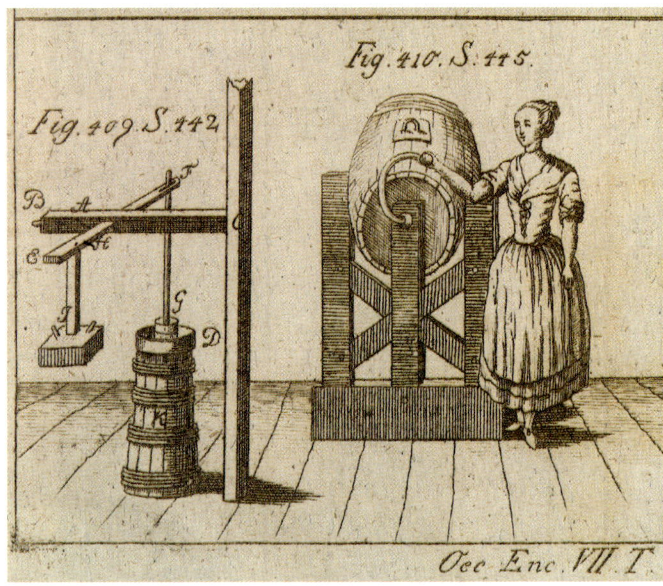

Krünitz Bd. 7, Taf. 7 Zwei verschiedene Butterfässer 1784

Krünitz (Bd. 7, S. 435ff):

„*Zur Verfertigung der Butter, wird die Milch verschiedener Thiere gebraucht. Die gebräuchlichste ist die Kuh-Milch. Man macht zwar auch Butter von Schaf- und Ziegen, ja sogar von Kamel- Esels- und Pferde-Milch, nicht weniger aus der Milch vernünftiger Geschöpfe, ich meine der Weiber; doch dienen letzere Gattungen nur mehrentheils zum medicinischen Gebrauche.*

Um die Butter lange zu erhalten, damit sie im Lande und ausserhalb, zu Wasser und Lande verhandelt werden könne, wird sie eingesalzen und in Steinguttöpfe gepresst.

Die Butter ist bey dem Backen, Braten, Kochen, Prägeln, Rösten, Sieden etc. eine unentbehrliche Sache, und es werden in der Küche mancherley Zubereitungen damit vorgenommen.

Der Gebrauch der Butter ist Morgens früh dem Golde, zu Mittage dem Silber, und Abends dem Bley gleich zu schätzen".

Eingemachtes, Eingesottenes

Krünitz (Bd. 10, S.438ff):

„*Hierunter versteht man allermeist, wenn man allerley Früchte, Kräuter, Wurzeln… in syrupisirten Zucker oder Honig warm einwirft, damit sie einen angenehmern Geschmack bekommen und sich länger halten. Das gehörige Verhältniß ist, so schwer Zucker als Früchte. Wer vom Zucker etwas abkürzet, büßet dabey ein; denn das Obst muß alsdann zu oft umgekocht werden. Zum Einmachen wird ein*

mittelmäßiger flacher kupferner Kessel, in Gestalt einer hohlen Halbkugel, und demnächst ein kleiner, tiefer messingener Kessel mit drey Beinen, erfordert. Jener dient zum Läutern des Zuckers und zum Einmachen großer Sachen.
Zur Verwahrung des Eingemachten, hat man theils die bekannten Confitürgläser, oder irdene Töpfe von so genanntem Steingute. Das Eingemachte wird erst wenn es recht erkaltet ist mit durch Wachs gezogenem Papier zugebunden. Wenn das Eingemachte sauer oder schimmelig wird, muss neue Zuckerlösung bereitet werden und alles neu aufgekocht".

Eis

Krünitz (Bd. 10, S. 539):

„**Eisspiegel**: *bey den Zuckerbäckern, eine Art eines Gusses auf Torten und andern Gebackenen, so einem glänzenden Eise gleicht, und aus Zuckermehl und Rosen-Wasser verfertiget wird".*

„**Glaciren des Backwerkes** *(Bd. 18, S. 566): Das Backwerk wird von obenher mit einem trockenen Zuckerguß versehen. In dieser Absicht wird 1/4 Pfund {140 g} feiner Zucker mit 1 Eyweiß und ein wenig Rosen- oder Orangenwasser gestoßen, bis es ein dicker Syrup wird. Zum Glaciren lässt man das Backwerk erst ein wenig abkühlen, überstreicht es aldenn mit vorbeschriebener Masse und lässt es gegen dem Feuer, oder in einem verschlagenen Backofen, oder in einer Tortenpfanne nur antrocknen".*

Mandel

Zedler (Bd. 1, Sp. 1830):

„**Amygdalus, Mandelbaum** – *dieser Baum wächst am liebsten in warmen Ländern, in Sicilien, Egypten, Candien[1], Spanien, Italien und dem Delphinat[2] in Franckreich. Die Früchte dieses Baumes heissen* **Mandeln**, *oder Mandelkerne. Es sind aber zweyerley Arten, süsse und bittre Mandeln. Die süssen Mandeln führen viel Oehl, wenig Saltz und Feuchtigkeit und werden nicht allein in den Apothecken, sondern auch in Küchen zu allerhand Sachen gebraucht. Sie haben eine temperirte Krafft, geben dem Leibe, wenn sie nicht zu alt, gute Nahrung, mildern und versüssen die scharffen Feuchtigkeiten, und curiren die daher entstehende Schlaflosigkeit... Man macht zum öfftern aus denselben Mandel-Milche, und sind dergleichen gut vor schwache und abgezehrte Leute.*
Die Köche brauchen die Mandeln zu vielerley Speisen und Gerichten, machen gute Mandel-suppen, Mandel-Müser, Mandel-Dorten, Marcipan und dergleichen davon. Das Mandel-Oehl ist in der That eine rechte gute Artzeney, welche zu vielen Kranckheiten dienlich"...
Mandeln sind allbekannt, sie finden schon in den ältesten Kochbüchern Erwähnung. Sie sind Bestandteil zahlreicher Rezepte, es gibt viele Verwendungsarten („Mandelberg" = sehr hohe Mandeltorte, „Mandel-Biscoten", „Mandelbrey", „Mandelbrot", „Mandel-Confect", gebackene „Mandel-Eyer", „Mandelkräpfchen", „Mandelkuchen auf Oblaten", „Mandelmilch", „Mandelsulze" und mannigfaltige Mandeltorten.
Sehr viele dieser Rezepte enthalten auch Zitrone in irgendeiner Form. In den Rezepten der Museumsbibliothek werden in 64 Fällen (von 83) Mandeln und Zitronen gemeinsam verarbeitet. Die „Linzer Torte" wird im ältesten, handgeschriebenen Kochbuch der Bibliothek (1646)[3] zwar noch nicht genannt, aber es gibt viele Rezepte mit Mandeln (süße und

1 Candia = Kreta, unter venezian. Herrschaft
2 Delphinat = Dauphiné, historische franz. Provinz an der Südostgrenze zu Italien
3 Koch Püech Regina Hoff=mayrin gehorig, Manuskript 1646, mit weiteren datierten Einträgen 1668, 1670, 1651. Mehrere, verschiedene Handschriften deuten auf die einzelnen Besitzer und Schreiber hin. Medizinische Rezepte sind ebenfalls aufgezeichnet.

Abraham à Sancta Clara: Etwas für Alle. Würtzburg 1711. S. 339
„Der Melber lässet sein Mehl von dem Müher mahlen, wozu er ihm das benöthigte Getraid verschafft und selbiges so offt es ihme beliebet aufzuschütten befiehlet…“

pikante), auch mehrere Mandeltorten mit „Zimet und Oblat“ und mit „allerlay eingemachten sachen“, die mit dem Linzer Teig nahe verwandt sind.

Mehl

Die Abhandlung des Kapitels „Mehl“ umfasst nicht weniger als 264 Seiten! Welcher Wert den Getreidearten als Volksnahrungsmittel zugekommen ist, wird allein schon daraus ersichtlich.

Krünitz (Bd. 87, S. 344 ff):

„**Mehl** – *zarter, zu einem unfühlbaren Pulver gemahlener Staub, besonders der nahrhafte Staub dieser Art der Getreidearten, Hülsenfrüchte etc. nach der vermittelst des Beutels davon geschiedenen Kleye. Ungebeuteltes Mehl wird Schrot genannt. Rockenmehl, Gerstenmehl, Weitzenmehl, Erbsenmehl, Bohnenmehl, Kartoffelmehl etc.*

Bestandtheile des Mehls: *das Mehl ist eine Substanz, welche viel von der Natur eines Gummi oder eines Schleims an sich hat, aber merklich schmackhafter, gährungsfähiger und nährender ist.*

Bereitung und Aufbewahrung des Mehls: *Man macht zwar aus allen Getreidearten Mehl, der Weizen und Spelz (Dinkel) geben jedoch das schönste und kostbarste, der Rocken hingegen nach dem Urteihle der Deutschen das gesundeste und kräftigste Mehl, und dann folgt in Ansehung seiner Güte und Nahrhaftigkeit erst das Gersten-, darauf das Buchweitzen- und zuletzt das Hafermehl. Aus jeder Art Getreide können verschiedene Sorten Mehl gemacht werden. Die mehresten Haushaltungen lassen deren gewöhnlich (die Kleye ungerechnet) dreye machen, nämlich weisses, mittleres und schwarzes Mehl.*

Der Weizen wird gewöhnlich 6 Mahl zum Mahlen aufgeschüttet:
Beym 1sten Mahl wird er gespitzt und von der Kleye abgerieben
„ 2ten – wird er geschroten
„ 3ten – wird schon das Schrot durch den Beutel gelassen, und giebt ein ordinäres Mehl
„ 4ten – erhält man das Mittelmehl
„ 5ten – bekommt man das feine Mehl
„ 6ten – wird alles, was noch nicht zermahlen war, auch die Spitzkleye vom 1sten Mahle zusammengethan, und scharf durch die Mühle gelassen, und davon bekommt man das schwarze oder Aftermehl.

Vom Speltz bekommt man ungleich feineres und besseres Mehl als vom Weitzen, das selbst in der Verarbeitung mancherley Vorzüge hat. Es ist auch bekannt genug, dass die Art feinen Mehles, die unter dem Nahmen von Kraftmehl, Nürnberger oder Wiener Mehl zu den besten Spen und Gebackenen aus Mehl verbraucht wird, wenn sie ächt ist, nicht von Weitzen.

Wie man das Mehl vor dem Verderben verwahren müsse: *es ist bekannt, dass von altem Mehle das Brot niemahls so schmackhaft als von frischem Mehl ausfällt. Eben so kann man aber auch kein ganz frisch gemahlenes Mehl zum Botbacken gebrauchen, weil dasselbe viele Feuchtigkeit hat. Das beste Verfahren wäre, dass kein anderes als 2,3 bis 5 Monath ausgelegenes Mehl zum Backen verbraucht werden dürfe. Um das Mehl aufzubehalten, muß man es auf einem hölzernen Boden haben. Man muß auch darauf achten, dass es nicht an die Mauer zu liegen komme, indem der Kalk dem Mehle nachtheilig ist. Ferner hat man darauf zu achten, dass der Fußboden der Mehlkammer nicht über dem Stall ist oder nahe bey der Mistgrube.*
Auch die Verunreinigungen des Mehles mit unverdaulichen erdichten Massen sind zu erörtern, die bald zufälligerweise beym Mahlen hinzu kommen, bald geflissentlich dem Mehle zugesetzet werden".

Mehlspeise

Krünitz (Bd. 87, S. 577 ff):
„Mehlspeise – bedeutet übrhaupt eine jede aus Mehl bereitete Speise, so dass man also auch alle Mehlklöße, Eyerkuchen, Nudeln etc. mit darunter versteht. Insbesondere begreift man unter Mehlspeisen aber nur gewisse breyartige Speisen, die gemeinhin in einer Form oder Schüssel gebacken werden, und mehrentheils aus Mehl mit allerley Früchten und anderen nährenden oder den Geschmack erhöhenden Zusätzen bestehen (vorzugsweise Fastenspeisen).
Ehedem wurden dergleichen Mehlspeisen in einem irdenen Tiegel gebacken. Man setzte denselben nämlich auf ziemlich glühende Asche, bedeckte ihn mit einem kupfernen Deckel, und legte einige glühende Kohlen darauf, und ließ es eine Stunde backen. Im Nothfall geht dies wohl an; indessen aber ist eine Tortenpfanne immer vorzuziehen, und ein eigener Backofen dazu am allerbesten.
Das Geschirr, worein eine solche Speise gegossen wird, ist eine blecherne Schüssel, welche mit einem blechernen Rande umgeben, und so eingerichtet ist, dass man ihn enge und weit, nach Beschaffenheit der Umstände, machen kann. Besonders sind dergleichen zu denen, die stark auflaufen, nöthig. Diese Art von Bäckerey ist fast am schwersten zu backen. Sobald der Tiegel oder die Tortenpfanne

Abraham à Sancta Clara: Etwas für Alle. Anderer Theil. Würtzburg 1711. S. 192 Durchsiebung des Getreids

aufgemacht wird, und die Luft davon geht, so ist es damit geschehen; im Ofen aber hat man dieses nicht so leicht zu befürchten, wenn man nur da nicht daran stößt oder drückt, so geräth das Gebackene gewiß gut. Eine solche Mehlspeise muß ungefähr anderthalb Stunden in einem nicht zu heißen Ofen backen. Wenn sie eine Stunde gebacken hat, und man läßt ihr Zeit, so springt sie in der Mitte auf, und ist also am schönsten".

Noch etwas zum Thema **„Heizen"**: *„es ist sogar anzurathen, daß man die Stückchen Holz zähle, die man bey einem Backen in den Backofen gelegt hat, auf daß man den Ofen recht kennen lerne, und sich folglich merkt, was man zu einer oder der andern Art von Bäckerey braucht"…*

Muskat

Krünitz (Bd. 98, S. 660 ff.)

„**Muskatenbaum** – *die Frucht von diesem Baum ist diejenige, welche um ihrer Gewürzhaftigkeit willen gebraucht wird. Der Baum wächst nirgends als auf den molukkischen Inseln, und zwar nur auf einigen, weil er auf den andern von den Holländern mit Fleiß augerottet worden".* Die Holländer standen den Engländern und Franzosen im harten Kampf um die Vorrechte im Gewürzhandel gegenüber.

„**Muskatennuß** – *der Kern in den Früchten der Muskatenbäume. Diese sogenannten Nüsse werden sehr häufig zu verschiedenem Behufe gebraucht. Muskatnüsse waren vorerst wohlfeiler als Gewürznelken, aber das Verhältnis hat sich bald umgekehrt".*

Muskatnüsse wurden getrocknet (und meist wurmstichig) geliefert, aber auch im frischen Zustand in Sirup eingelegt. Auch Muskatnussöl war in Verwendung.

„Beym Einkauf der Nüsse muß man solche wählen, die schwer, und nicht wurmstichig oder hohl sind. Betrüger kleben die Wurmlöcher mit einem Kleister zu"…

Alle Muskatartikel wurden und werden häufig in Speisen und zu Arzneien gebraucht. Ihre medizinischen Kräfte bestehen vorzüglich darin, daß sie die Nerven, das Gehirn, den Magen und die Eingeweide stärken. Die Öle kommen unter Balsame und Salben.

„Die gereinigten Nüsse verderben nicht leicht und geschwinde, wenn sie gekalkt werden, welches durch Eintauchen in Kalkwasser geschieht, wodurch sie vor Fäulnis bewahrt werden. Die Versendung der Nüsse erfolgt in abgeteilten Fäßchen, die der Blüthen in Säcken. Der Preis der Muskatblüthen ist 4mal theurer als der Nüsse".

Eingemacht werden die Muskatnüsse indem „man recht gute Muskatennüse acht Tag in Wein legt, sie dann mit Nadeln durchsticht, wieder starken, frischen Wein darüber gießt und sie wieder acht Tage darin liegen lässt. Hierauf legt man sie drey Tage ins Wasser, gießt alle Tage frisches daran und sodann geläuterten Zucker darüber".

In der Krünitz'schen Enzyklopädie findet man viele Stichworte im Anschluss an die allgemeinen Erklärungen zu „Muskat", z. B. Muskatbrot, Muskatliköre, Muskatmarzipan; in den Apotheken hat man „Muskatenwasser, Muskaten-Confect und Muskatensalz, Muskaten-Tinctur" etc. angeboten.

Der Muskatnuss wurden schon bald nach ihrem Auftauchen in Europa im 13. Jahrhundert wundersame Kräfte zugeschrieben: von der Steigerung der Liebeskraft bis zum Schutz gegen viele Krankheiten. Es wurde üblich, immer eine Nuss in der Tasche zu haben, teils zur Infektionsabwehr, teils um Wein, Bier, Schokolade und was sonst getrunken wurde damit zu würzen. Die dazu nötigen Utensilien – Döschen und Reibeisen – gab es in den zier-

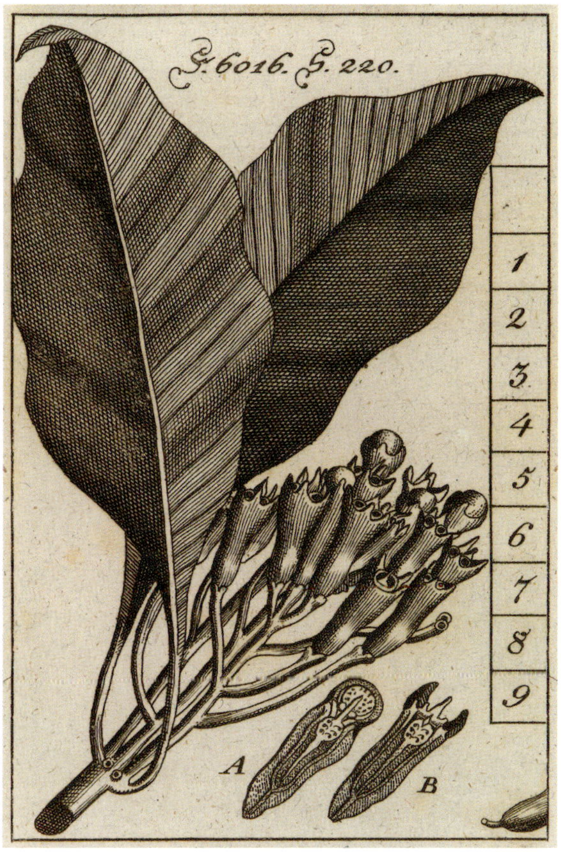

Krünitz Bd. 102, Taf. 6. 1806 „Junger Zweig des Gewürznelkenbaumes mit Büschel von Blumenknöpfen, welche nach vier Monathen die Figur der Gewürznelken bekommen“

lichsten Formen und Kombinationen. Sie stellen heute begehrte Sammlerstücke dar.

Nelken, Gewürznelken

Die Gewürznelken sind schon vor mehr als achthundert Jahren bekannt gewesen. Das Vaterland dieser Gewürzbäume war auf die molukkischen Inseln bis Celebes gegen Osten eingeschränkt.

Krünitz (Bd. 102, S. 216ff) und Abb. Taf. 6:
„Der Gewürznelkenbaum ist ein zierliches Gewächs, dem Lorbeerbaum ähnlich. Die jungen Blätter kommen im May zum Vorschein und bald darnach zeigen sich an den Enden der jungen Zweige Büschel von Blumenknöpfen, welche nach vier Monathen die Figur der Gewürznelken bekommen. Sobald diese eine blaurote Farbe annehmen, ist das das Zeichen, dass sie zum Einsammeln tauglich sind.
Beim Einkauf sind diejenigen zu erwählen, die sehr völlig und dick, trocken, leicht zu zerbrechen sind, wenn man sie angreift, die Finger stechen, eine braunrothe Farbe und wenn es möglich ist, noch ihre Knöpfchen, dabey einen hitzigen und gewürzhaften Geschmack, nebst einem angenehmen Geruch haben. Indessen werden sie oft mit Staub vermischt und sind nicht für sehr gut anzunehmen. Man muß den Artikel nur von solchen Specereyhändlern kaufen, won deren Redlichkeit man versichert ist.
Der vornehmste Verbrauch der Nelken ist in der Küche, wo sie zu Würzung der Speisen dienen. Es bedienen sich aber auch derselben die Weinschenken, theils zu ihren Einschlägen, theils zu Verfertigung des sogenannten Nelkenweins. Die Conditore und Apotheker candiren und überziehen sie; und die letzten machen mit hoch rectificirtem Weingeist die Nelkenessenz und aus dem Extract, Oehl und Salz, mit dem Zusatze von weißem Wachs, den Nelkenbalsam. Durch Destillation gewinnt man Nelkenöl. Das Nelkenpulver kommt unter die in Frankreich sogenannten vier Gewürze, von denen die Pastetenbäcker eine ansehnliche Menge verthun“.
Nelkenbranntwein, Nelkenessig, Nelkengefrornes, Nelkenliköre…

Torte, Tortenform, Tortenpfanne, Reif, Papier (beim Backen)

Krünitz (Bd. 186, S. 344 ff)
Torte – *„ein beim Conditor oder Zuckerbäcker und in der Küche in einer* **Tortenpfanne** *bereitetes Gebackenes. Zum Backen der Torten und Torteletten gebraucht man kupferne Tortenpfanne, Tortenbleche und Tortenformen. Die* **Tortenformen**, *die man von Blech und Kupfer hat, müssen sehr rein*

gehalten, und vor dem Roste bewahrt werden. Wenn man eine Form gebrauchen will, so muss sie mit geschmolzener Butter gut ausgestrichen werden… dann wird sie mit geriebener Semmel oder gestoßenem Zwieback gut bestreuet".
„Die blechernen Ränder oder **Reifen** *dienen sowohl zu den Mandel- als Biscuittorten. Der Reif muss offen sein. Man pflegt den Reif so enge zu machen, als man es für gut findet.*
Man zieht einen Bindfaden herum, setzt die Form auf einen Bogen Papier, bestreicht dieses mit Butter und bringt solches auf ein Backblech und setzt es in den Ofen".

Die Tortenpfannen standen auf Beinchen in der Glut. Sie hatten einen Deckel mit Zacken, der ebenfalls mit Glutstücken gefüllt wurde. Auf diese Art buk man bereits mit „Ober- und Unterhitze". Oder man verwendete eine glockenförmige Backform aus Steingut: der Boden es Ofens wurde stark erhitzt, gereinigt, das Backgut aufgelegt und mit der Glocke zugedeckt. Darüber schichtete man wieder Glut.

Zimt (Zimmt, Zimmet, Kanel, Cinnamey)

Krünitz (Bd. 241, S. 356ff):
„**Kanel** – *die braunrothe, süßlich gewürzhaft, zähe, glatte, zusammengerollte, von ihrer Oberhaut befreite Rinde des Zimmtbaumes"*

Zedler (Bd. 62, Sp. 778 ff):
„Der **Zimmtbaum** *wächset in Ost-Indien, absonderlich in der Asiatischen Insul Zeilan oder Ceilan… Er trägt kleine Früchte, daraus die Einwohner ein Oel bereiten, an Farbe und Krafft dem Mußkaten-Oele gleich, sehr heilsam und gut für viele Kranckheiten. Die Rinde des Baumes ist gedoppelt, und werden alle beyde zugleich im Märtz oder April abgeschälet, die inwendige aber, als die beste, und die man zu uns bringet, wird in vierkantige Stücken geschnitten und an die Sonne geleget, so lauffet sie selbst in Röhren oder Pfeiffen zusammen, und erlanget von der Sonne ihre gelbröthliche Farbe. Diese Rinde, wann sie noch frisch ist, hat wenig Geruch oder Geschmack, so bald sie aber an der Sonne getrocknet, bekommt sie einen anmutigen Geruch, Geschmack und Krafft.*
Was den Nutzen und Gebrauch des Zimmts anbelanget, so erquicket er mit seinen flüchtigen, gewürtzhafften Theilgen die Lebens-Geister, und stärcket mit seiner übrigen erwärmenden und mäßig anhaltenden Krafft den Magen, die {Gebär-} Mutter und andere Glieder. Er ist so wohl zur Speise, als zur Artzeney dienlich… Zimmt-Geist, Zimmt-Oel,, Zimmt-Saltz, Zimmtsyrup, Zimmtsultze, Zimmtwasser, Zimmttinctur…"

Zitrone, Limoni

Zitronen waren allgemein begehrte Früchte. Im ältesten Kochbuch der Bibliothek (1646, fol. 50 ff) scheinen zahlreiche Rezepte auf und Anweisungen, wie „Zittronen Einzemachen" sind oder die „Pameranzenschallen", um den beliebten Geschmack möglichst lange vorrätig zu haben.

Krünitz (Bd. 242, S. 24 ff):
„Zitronen sind die Früchte von Citrus medica L., welche in großer Menge vom südlichen Europa aus in den Handel kommen, jedoch stets unreif, da sie sich sonst nicht halten.
Zitronen aufzubewahren: *Man lege die Zitrone an einen luftigen, kühlen, jedoch nicht der Frostkälte ausgesetzten trockenen Ort. Keine Frucht berühre die andere, daher man jede einzeln in*

Die „Lemoni", die Zitrone, war der wichtigste Geschmacksgeber der historischen Linzer Torte. Kupferstich aus: Icones Plantarum medicooeconomico-technologicarum. Abbildungen aller medizinisch-ökonomischtechnologischen Gewächse / Ferd. Bern. Vietz. Vol. 1 Wien, Eder 1800

Papier stecken mag. Die Stelle, wo die Zitrone am Baume gehangen hat, soll man mit Siegellack verdecken, um das Eindringen der Luft zu verhindern.

Zitronen einzumachen: *Man wende zur Bereitung ja keine kupferne oder messingne Gefäße an, sondern irdene oder zinnerne. Gute, frische, dünnschalige Zitronen, der Länge nach voneinander geschnitten, sorgfältig von Kernen befreit, werden in klar gekochten Zuckersaft gethan, und so lange gekocht, bis die Schalen weich geworden sind. In Einmachgläser legen, den Saft noch etwas dicker kochen und darüber gießen.*

Zitronensaft *wird durch Auspressen gewonnen. Er hält sich um so besser, je mehr er geklärt ist und zum Teil mit Branntwein versetzt. Zur Aufbewahrung für Speisen ist gut, ihn mit geläutertem Zucker in einer wohlverstopften Flasche aufzubewahren".*

Zucker

Gesüßt wurde in unseren Breiten mit Honig. Das Zuckerrohr stammt aus Indien. Von hier aus verbreitete es sich nach Arabien und Ägypten und über Spanien in die Neue Welt. Rohrzucker war kostbar und wurde in den Apotheken in kleinen Mengen verkauft. Die Kontinentalsperre Napoleons 1806–1813 bewirkte, dass nun die Zuckerrübe verstärkt zur Zuckerproduktion herangezogen wurde. Zucker wurde damit auch für die breitere Bevölkerung erschwinglich. Zahlreiche Fabriken nahmen in der k. k. Monarchie die Zuckerproduktion auf, die erste österreichische Raffinerie wurde 1750 von Kaiserin Maria Theresia in Fiume errichtet. Der Zucker kam gepresst in Form von „Hüten“ auf den Markt und musste im Haushalt erst mühsam mit Zangen zerkleinert werden und für feine Backwerke „gefäht“ = gesiebt. Ein „Zuckerbäcker“ verarbeitete ursprünglich keine süßen Teige, sondern formte = „buk“ den Zucker zu Hüten! Das Berufsbild hat sich erst später zum Erzeuger von „Candis, von eingemachten Früchten, Confecten, süßem Backwerk, Torten, stärckenden Latwergen, Säfften und Marcepan“ gewandelt.

Abraham à Sancta Clara: Etwas für Alle. Anderer Theil.
Würtzburg 1711. S. 784 Der Zuckerbäcker

DIE REZEPTE DER „LINZER TORTE“ IN DEN KOCHBUCHMANUSKRIPTEN DER BIBLIOTHEK DES OÖ. LANDESMUSEUMS

Besonders reizvoll ist es, durch alle Handschriften ein spezielles Rezept zu verfolgen. Es war vergnüglich, dies mit der weltberühmten „Linzer Torte“ zu tun.

Es hat sich gezeigt, dass alles, was gut ist und sich bewährt hat, von Generation zu Generation weiter gegeben wird. So begegnen einem bestimmte Rezepte – natürlich nicht nur süße! – beim Studium immer wieder. Die „Linzer Torte“ kommt in manchen Manuskripten in bis zu sechs Varianten vor (MS 216)! Insgesamt handelt es sich um 83 Rezepte in 40 Kochbüchern aus der Zeit von 1700/1710*–1858.

Das heutige Bild der „Linzer Torte“ ist geschmacklich und vom äußeren Erscheinungsbild her geprägt von Mandel/Haselnuss, Zimt und Nelken und dem charakteristischen Teiggitter.

Die historische „Linzer Torte“ war in nur 41 Fällen von 83 mit einem geflochtenen oder gespritzten Gitter verziert. Das oft aufgestrichene „Eis“ ist überhaupt aus dem heutigen Erscheinungsbild verschwunden. Die jetzt unverzichtbaren Gewürze werden in nur 23 Rezepten verlangt. Haselnüsse werden vor 1900 nicht verwendet – Mandeln und Zitronen als Geschmacksgeber waren die Hauptzutaten.

Die folgende **Statistik der Zutaten und Anfertigungsweisen** mag zur Anschauung dienen:

Von 83 Rezepten enthalten
64 Mandeln
64 Zitrone (in Form von Schale, Saft oder Zitronat)
23 Gewürze
64 Eingemachtes
58 Torten werden gerührt (gibt eine verfeinerte Teigstruktur)
22 werden geknetet
41 erhalten ein Gitter
12 werden mit einem „Eis“ versehen

Der überwiegende Teil vermerkt also eine „helle gerührte Linzer Torte“, die ihren Reichtum an Geschmack aus Mandeln, Zitronenschale und „Eingemachtem“ bezieht. Die „Helle“ wird heutzutage kaum noch angeboten oder gebacken – völlig zu unrecht! Wenn man gute Zutaten verwendet und das Backwerk etwas lagern lässt, entfaltet es sein fein-würziges, edles Aroma. Die gerührten Torten, die aus sehr flaumig gerührter Butter und vielen Dottern bestehen, sind teilweise von so zarter Beschaffenheit, dass man sie nicht von vornherein als „Linzer Torte“ erkennen würde! Diese Torten brauchen auch keine lange Lagerzeit.

Sowohl für die „Dunkle“ wie für die „Helle“ Linzer Torte gibt es in der vorliegenden Rezeptsammlung Beispiele, die es allesamt wert sind, ausprobiert zu werden. Die Farbintensität der „Dunklen“ ergibt sich aus ungeschälten Mandeln und der Beigabe von braunen Gewürzen wie Zimt, Nelken, Muskatnuss.

* das älteste Rezept der Linzer Torte stammt laut Dr. Schlager aus MS 123, „Koch Buech... der Villgeehrten Jungfrau Hellena Haffnerin“, Linz 1700: „Gar Ein guette abgerierte Dortten“. Im vorliegenden Werk wurden aber nur Rezepte berücksichtigt, die „Linz“ tatsächlich im Titel führen.

Zusammenfassend kann man sagen, dass manche dieser historischen Rezepte ganz neue, überraschende Geschmackserlebnisse bieten. Manche sind genauso üppig-barock abgefasst, wie dann auch das Ergebnis aussieht und schmeckt. Allein beim Durchlesen wächst die Lust zum Nachbacken. Besonders liebenswert sind die Schlussformeln zu den Backanweisungen, die die Köchinnen oft angefügt haben: *„so ists recht“, „es ist gut“, „und so es gebachen so ist es gut“, „ist recht und gut“*. Das Gelingen scheint bei den barocken Küchenverhältnissen keinesfalls so sicher gewesen zu sein!

Eine wohlschmeckende Torte herzustellen bedeutete stundenlange Beschäftigung. Allein die Beschaffung der teuren und wertvollen Zutaten war nur begüterten Ständen möglich. Linzer Köchinnen hatten den Vorteil, dass in der Stadt zweimal jährlich große Märkte abgehalten worden sind, die Händler aus ganz Europa angezogen haben. Mandeln, Zitronen und Gewürze waren hier sicher leichter zu haben als anderswo. Der Kampf gegen das Verderben der Lebensmittel blieb aber auch ihnen nicht erspart. Das erklärt, warum in jedem Kochbuch ein bedeutender Abschnitt der Rezepte der Haltbarmachung gewidmet war. Auch die Qualität der Lebensmittel ließ oft zu wünschen übrig. Es gab selten frische Butter, die Gewürze waren gestreckt oder durch den langen Handelsweg schal geworden, die Zitronen saftarm.

Auch die Vorrichtung der Lebensmittel zum Backen war viel aufwändiger, als wir uns im allgemeinen vorstellen. Vom steinharten Zuckerhut zum notwendigen „gefähten“ = gesiebten (Staub)Zucker war es ein schweißtreibender Weg. Ob 560 g Mandeln fein geschnitten werden oder im Mörser „nicht zu fein“ gestoßen, mag vom Arbeitsaufwand her keinen großen Unterschied gemacht haben. Auch Zimt und Nelken mussten erst fein gestoßen werden.

Die (fehlenden) Küchengeräte würden moderne Köchinnen und Köche zur Verzweiflung treiben. Wer hat heutzutage Zeit und Kraft nach so mancher Anweisung den Teig *„eine Stund' woll abzurühren“*? Oder statt einer beschichteten Tortenform sich mit einem Tortenblatt abzumühen, das vielleicht gar keinen dazugehörigen *„Raiff“* (= Tortenreifen, Springreif) hatte, sondern wo ein starker Papierstreifen um den Teig gewunden und mit Faden zugebunden wurde, um das Auslaufen desselben beim Backen zu verhindern? Auch der Backvorgang selber muss der Köchin ein gehöriges Maß an Übung abverlangt haben: schwer zu regulierende Holzglut von unten und – im Falle einer Tortenpfanne oder eines „Öfchens“, wo diese auch auf dem Deckel lag – von oben. Da wird es schon nachvollziehbar, dass manches Mal ein zuerst in die Form gefüllter „Schutzteig“, z. B. ein billiger Brotteig, gegen das Verbrennen notwendig gewesen ist.

Die Küchen des 17. und 18. Jahrhunderts waren in der Realität keineswegs die idyllischen Orte, die auf manchen Titelkupfern gezeigt werden. Hitze, Rauch, Gerüche aller Art, mannigfaltige Verletzungsgefahren, hektische Betriebsamkeit, mangelnde Hygiene setzten allen Beschäftigten zu.

Schwierigkeiten dieser Art bleiben den modernen Köchinnen und Köchen erspart. Es ist nicht mehr schwer und dauert auch nicht lange, zu einer selbst gebackenen, köstlichen Torte zu kommen.

Die Tradition der „Linzer Torte“ ist lang und ruhmreich. Es wäre schade, wenn die verschiedenen Arten sie zu backen, verloren gingen.

Die folgenden 40 Rezepte sind eine charakteristische Auswahl. Die restlichen 43, die nicht aufgenommen worden sind, gleichen diesen in Mengenangaben und Zutaten und wären nur unnötige Wiederholungen.

Die Rezepte sind im Urtext wiedergegeben und in übersetzter Form mit in heutige Maße umgerechneten Mengenangaben. Einigen ist auch das Originalschriftbild beigefügt.
Es wird empfohlen, vor dem Backen den ursprünglichen Text auf sich wirken zu lassen, da die Übersetzung notwendigerweise knapp und sachlich gehalten ist und die Liebenswürdigkeit des Originals nicht zum Ausdruck bringt.

Alte Maße und Gewichte

1	Lot	=	1,75 dag	=	17,5 g		
4	Lot	=	7 dag	=	70 g		
8	Lot	=	14 dag	=	140 g		
12	Lot	=	21 dag	=	210 g		
1	Quentchen/Quintel			=	5,375 g		
1	Pfund	=	56 dag	=	560 g	=	libra (lb)
1/2	Pfund	=	28 dag	=	280 g		
1/4	Pfund	=	14 dag	=	140 g	=	1 Vierting
1	Maß	=	1,415 l	=	4 Seidel		
1	Maßl	=	0,96 l				
1	Seidel	=	0,353 l				
1	Quartl	=	0,33 l				

Allgemeine Hinweise

Alle Rezepte sind streng nach den Angaben im Originalrezept nachgebacken worden. Die angegebenen **Mengen** sind meistens für eine Tafel von acht bis zehn Personen gedacht gewesen. Halbieren oder Vierteln der Angaben ist durchaus möglich und zeitigt trotzdem ein gutes Ergebnis.

Triebmittel wie Backpulver o. ä. wurden in keinem Rezept verlangt und auch nicht hinzugefügt.

Die **Mandeln** in den einzelnen Rezepten werden nur geschält, wenn es ausdrücklich verlangt wird (Mandeln „schwellen“). Unter „gestoßenen“ Mandeln nimmt man geriebene Mandeln an. „Fein geschnittene“ Mandeln verändern die Teigkonsistenz etwas. Hier kann man selbst den Arbeitsvorgang wählen.

Die verwendeten **Zitronen** sollten solche mit unbehandelter Schale sein, weil diese oft abgerieben mitverwendet wird.

Es empfiehlt sich das Verwenden von **Butter**, nicht von Margarine. Der Geschmack der Torte wird authentischer und ungleich besser damit.

Beim Nachbacken wurde immer eine Tortenform (mit Springreifen) von 24 cm Durchmesser verwendet.

Die **Eidotter** werden öfter hart gekocht verwendet. In diesem Fall ist zu beachten, dass sie ganz fein zerdrückt beigefügt werden, damit sie im Teig nicht als gelbe Knötchen sichtbar bleiben. Das **Eingemachte** (Marmelade) ist ein wichtiger Geschmackgeber. Es sollten nur beste Produkte verwendet werden. Hauptsächlich wurde für die Probetorten Marmelade aus roten Ribiseln als Fülle verwendet. Ihre feine Säuerlichkeit und die frische Farbe sind unübertroffen. Beim **Backvorgang** wurden Ober/Unterhitze im elektrisch betriebenen Rohr geschaltet. Das meist in den Rezepten verlangte „kühle Backen" hat sich bewährt. 170°–175° sind ausreichend. Die **Backzeit** war bei meist halbierter Masse mit 50–60 Minuten richtig bemessen. Zu langes Backen dörrt die Torte unnötig aus.

Im allgemeinen schmeckt die Torte besonders gut, wenn sie 2–3 Tage vor dem Verzehr „ziehen" kann. Das empfiehlt sich auf jeden Fall für die kompakteren Mürbteige.

Obwohl ein „**Eis**" auf der „Linzer Torte" heute kaum mehr üblich ist, sollte es gemacht werden, wenn es im Rezept vorgeschlagen wird. Es muss ja nicht in „barocken" Mengen aufgetragen werden. Auch gefärbtes Eis (rot war sehr beliebt!) muss es nicht sein. „Zitroneneis" dagegen leistet einen wertvollen Geschmacksbeitrag. Meist stellen die Rezepteschreiberinnen frei, ob man ein Eis aufbringen möchte oder nicht. Den Zusatz „magst nicht gern ein eiß so zuckers und gibs so auf die tafl" findet man gar nicht so selten.

Zitroneneis: 20 dag Staubzucker mit soviel Zitronensaft verrühren, dass eine dickflüssige Masse entsteht, die beliebig dick aufgestrichen wird. Trocknen lassen.

Eis mit Rosenwasser: 20 dag Staubzucker und Rosenwasser nach Bedarf wie oben verarbeiten. Das Rosenwasser-Eis passt besser zu Torten ohne Gewürze (Zimt, Nelken, Muskat), da der Rosengeschmack dominant ist.

Orangeneis: Dieses Eis stammt aus Rezept 153 (ca. 1830) und ist köstlich!
Man rührt 14 dag Staubzucker, über dem eine halbe (Natur)Orange abgerieben wurde mit einem Eiklar so lange, bis es ganz dick ist. Dann drückt man Orangensaft darunter [bis zur gewünschten Konsistenz], bestreicht die Torte damit und lässt sie im lauen Ofen trocknen. Dieses Eis ist für andere Rezepte ebenfalls vorstellbar!

Jedem Rezept folgen Anmerkungen, in denen Besonderheiten, Erklärungen und Backhilfen angeführt werden.

Abkürzungen

MS	Manuskript
lb	Libra = Pfund
Min.	Minuten
gez.	gezählt
Bl.	Blatt
fol.	folio = auf dem Blatt
fol. 13 r	folio 13 recto = Blatt 13, vorliegende Seite
fol. 13 v	folio 13 verso = Blatt 13, Rückseite
S.	Seite
Anh.	Anhang
Beil.	Beilage
dag	Dekagramm = 10 g
g	Gramm

Koch=Buch

REZEPTE

Gar Ein guette abgerierte Dortten

Nimb ein halb Pfundt Buter Rier in woll ab
Rier vier gantze Eyr, und 4 Dötter darundter
Und ein halb Pfundt gefätten Zuckher und ein halb
Pfundt klein gestoßene Mandl von ein Lemany
Die Schöllern und riers woll ein Stundt darnach
Rier ein halb Pfundt Mehl darin und streichs
Auf ein Plätl und bachs Magst auch ein Eißl
Drauf machen

280 g Butter flaumig rühren,
4 ganze Eier und
4 Dotter darunter rühren,
280 g Staubzucker,
280 g geriebene Mandeln,
geriebene Schale einer Zitrone –
alles gut abtreiben.
280 g Mehl unterheben und in eine Form streichen.
Nach Belieben ein Eis darauf machen.

MS 123
fol. 46 r

Anm.: Diese Torte ist einfach und leicht nachzubacken. Sie ist auch ohne Eingemachtes und Gitter ein saftiges, fein duftendes Gebäck. Ein dünn aufgetragenes Zitroneneis ist dem Geschmack zuträglich. Bei 170° 50 Minuten backen.

Das erste angeführte Rezept trägt (noch) nicht den Namen „Linzer Torte“. In der Literatur[1] ist es jedoch als solches ausgewiesen. Der Vollständigkeit halber wird es deshalb an dieser Stelle – als „ältestes oberösterreichisches Rezept“ im Besitz des Oberösterreichischen Landesmuseums – verzeichnet.

Koch Buech Darinen von vnderschiedlichen Sachen zu finden vnd herauß zu=nehmen seint, vnd selbige auf vnderschiedliche Weis vnd Mannier zu Kochen sich befinden. Der Villgeehrten Jungfrau Hellena Haffnerin gebohrne Linzerin ihr gehörig. Angefangen zuschreiben den 24 Juny Anno 1700ten Jahrs MS 123

Papier, Pappeinband mit Leinenbändern, Pergamentrücken, beide Deckel mit lateinischem Inkunabelpapier[2] überzogen; 237 Bl.; 19,3 x 14,5 cm; Alter Bestand

Dieses Kochbuch enthält zahlreiche Angaben über die Herkunft der Rezepte, die darauf hinweisen, dass es sich um eine Herrschaftsköchin gehandelt hat.

1 Schlager, L.: Linzer Torte. Linz, Landesverl. 1990
2 Inkunabel = Wiegendruck; alle Drucke von der Zeit Gutenbergs (1440) bis 1500

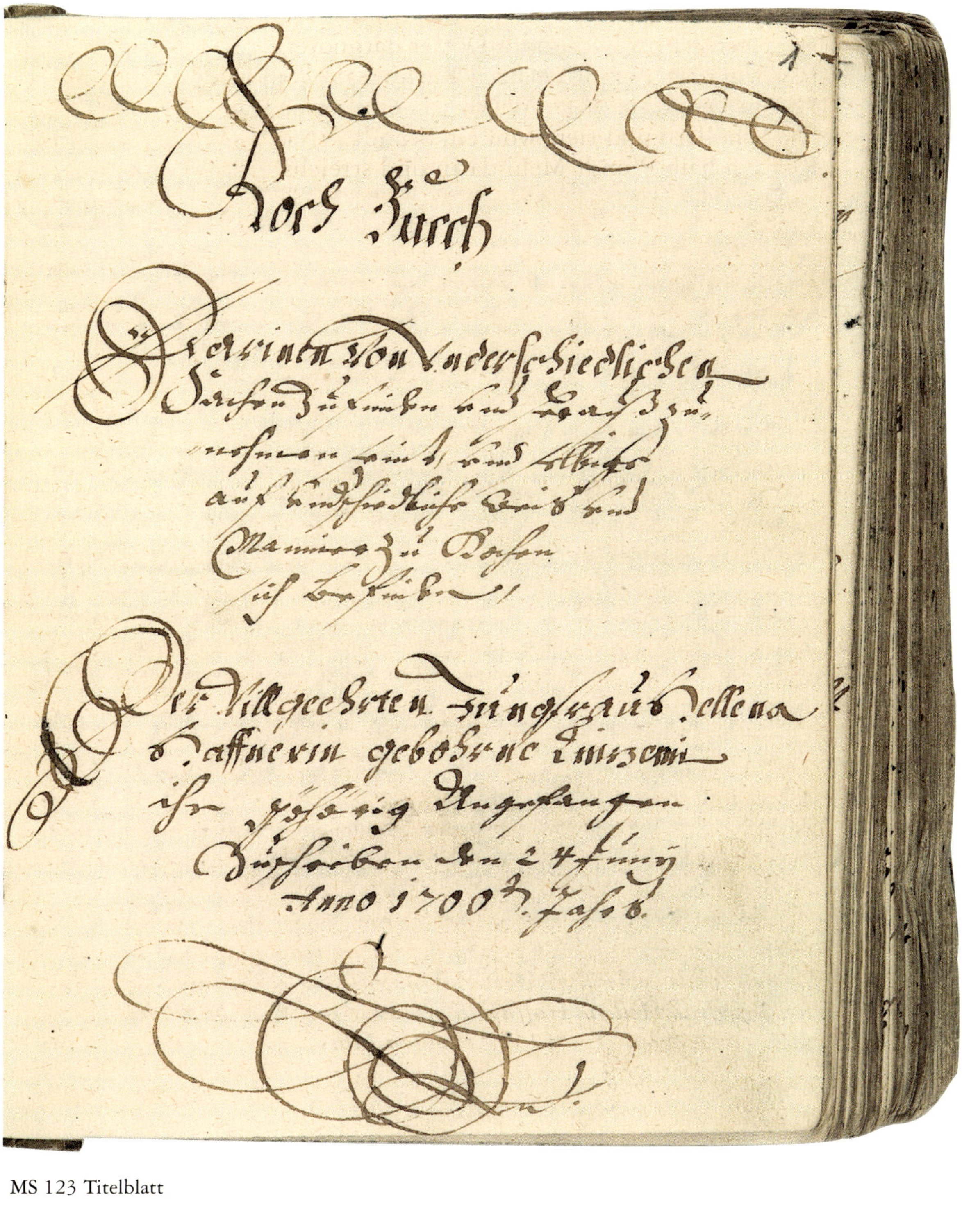

MS 123 Titelblatt

Taig zur linzer Dorten

Nimm 1/4 lb Butter, 1/4 lb Zucker, 1/4 lb mell, 1/4 lb Mandl stoss klein, den Zucker thue fähen, nimb 8 ayr Dötter lemoni Safft und Schöllerl, thue den butter, zuckher und Mell woll abrihren daß er ganz klein wird, hernach mit den Safft und ayr Dötter angemacht, bestreiche ein schisl mit butter, walge den taig darauf, und fill darin was du willst flecht ein gäder drauf bestreichs glar und bachs, mach ein Eis darauf so ists recht.

Nimm 140 g Butter,
140 g Staubzucker,
140 g Mehl,
140 g Mandeln gerieben,
8 Eidotter
Zitronensaft und -schale;
Butter, Zucker und Mehl gut abtreiben, danach Zitronensaft und Dotter zufügen. Eine Tortenform befetten, die Hälfte des Teiges auswalken und einlegen, nach Belieben füllen, ein Gitter darüberflechten, mit Eiklar bestreichen und backen. Ein Eis darauf machen, so ist es recht.

MS 142
fol. 13 v

Anm.: Es genügen auch 6 Eidotter; Saft und abgeriebene Schale einer halben Zitrone; Backen bei 170°, 50 Min.
Gutes Gebäck mit feinem Aroma.

Koch Buech der Anna Barbara Büchlerin zuegehörig. Worinen allerhandt Khochereyen, sowoll von Warmben Speissen, allß von Gebächt Werckh sich befinden. Anfang 18. Jh. MS 142

Holzdeckeleinband mit Inkunabelpapier überzogen, Pergamentrücken aus einer Notenhandschrift. Titelbl., 83 gez. Bl., 39 ungez. Bl.; 21 x 16 cm; Ankauf Schulrat Franz Kiesenhofer, Gutau, OÖ. 1960. Dieses bemerkenswerte Manuskript gehört zu den ältesten Kochbüchern der Sammlung.

Koch Buech.

Anna Barbara bücklerin Zuegehörig.

MS 142 Titelblatt

Linzter Dortten

1 lb Butter, der wird recht flaumig abgetrieben
dann 6 Dötter und 2 gantze eines nach dem anderen u.
eingeschlagen und gut gerihrt, dann ein halb lb fein
gesiebten Zuckher und ein halb lb klein gestossene Mandeln
von ein lemoni das Gelbe, ein wenig zimet und nägel
stup, dann nicht gahr ein lb Mehl, dieses alles wohl
abgetriben oder gerihrt, den deich auf ein dorten
blädl ein finger dickh, dann wird es gefüllet mit
Weiperl oder eingesodenen Ribisterl, dann ein stängl
gädter von dem daich darüber gemacht, mit ein ab
gesprudelten ey geschmirt, *wann das
Dorten blädl kein blöchernen Raiff, so machst andern
ein papirenen, wann es gebachen und überkih
let, so befähe es mit Zuckher, oder mache ein eys
ist fördtig

560 g Butter recht flaumig abtreiben.
Dann 6 Dotter und 2 ganze Eier eines nach dem anderen gut einrühren.
Dann 280 g Staubzucker und
280 g geriebene Mandeln,
Schale einer Zitrone, ein wenig Zimt- und Nelkenpulver
und nicht ganz 560 g Mehl gut miteinander abrühren.
Den Teig in eine Tortenform fingerdick aufstreichen,
mit Weinbeeren oder eingemachten Ribiseln füllen,
ein Gitter darauf machen, mit versprudeltem Ei bestreichen.
Wenn die Torte gebacken und überkühlt ist, so bestreue sie
mit Zucker oder mache ein Eis darauf, dann ist sie fertig.

MS 135
Anh. fol. 2 v

*Anm.: wenn das verwendete Tortenblatt keinen Reifen gehabt hat, hat man sich mit einem um den Teig gebundenen Papierstreifen beholfen. Diese Masse war dafür fest genug. Dem Teig für das Gitter etwas Mehl zufügen, damit er sich leichter rollen lässt. Die halbe Masse wird bei 175° 60 Minuten gebacken. Die „Weinbeeren" als Fülle für die Linzer Torte mögen seltsam anmuten, sie schmecken in Verbindung mit diesem zart-würzigen Teig und etwas Zitroneneis besonders gut!

Kochbuch. 1. Hälfte 18. Jh. **MS 135**

Papier, Halbledereinband, mit gesprenkeltem Papier überzogen. Schließbänderreste.
Buchblock größer als Einband!

12 Bl., 132 S., 6 Bl.; 23 x 18 cm; Ankauf aus Privatbesitz 1948

Inliegend ein Brief, adressiert an „Die Mamseln Nannete Krug in Seissen Eck".
Enthalten sind zwei „Linzer Torte"-Rezepte und eine Anleitung für „Die Linzerischen Brigl Krapfen", S. 125

Der Zimmet, Brauner Kaneel, Zimtbaum, Zimtrinde.
Kupferstich aus: Icones Plantarum medico-oeconomico-technologicarum.
Abbildungen aller medizinisch-ökonomisch-technologischen Gewächse / Ferd. Bern. Vietz.
Vol. 1 Wien, Eder 1800

Lintzer Tordte von der Frau Loschin[1]

Ein halb Pfund Mandl khlein gestossen, auch
Ein halb Pfund khlein gestossener Zuckher, Ein
Halb Pfund Mell, auch Ein halb Pfund butter, und 8
Eier Totter, diss alles undereinander in
Einen Merscher woll abgestossen, auf oblat
Aufgestrichen, auf das tordten blatl Ein
Raff von täg gemacht, von Ein Lemony …
Auch die schollerl under den taig …
Und ist sooft Ein lög taig, so offt Ain lög wass
Eingemachts Eingefilt, und also schen gebachen
So ist es recht

280 g Mandeln reiben. Zusammen mit
280 g Zucker,
280 g Mehl,
280 g Butter und
8 Eidottern gut abmengen,
geriebene Schale einer Zitrone zufügen.
Mehrere Lagen Teig und Eingemachtes abwechselnd
in eine mit einer Oblate ausgelegte Tortenform füllen
und schön backen, so ist es recht.

MS 120
fol. 41 [=23] r

Anm.: Werden mehrere Lagen (probiert wurden zwei) Eingemachtes aufgebracht, diese dünner aufstreichen, damit die Torte nicht zu süß wird. Bei 175° 50–60 Min. backen. Das Ergebnis ist eine feine, saftige Torte.

Kochbuch. 1. Hälfte 18.Jh. **MS 120**

Oberösterreich; verschiedene Hände; Papier; dünner Holzdeckeleinband mit violettem Tunkpapier überzogen.
3 Bl.; 20 x 16 cm; Ankauf Kinesberger Linz, 1950
In diesem frühen Kochbuch findet sich „Allerhandt neue Kocherey vom Linz“, darunter mehrere Rezepte mit namentlichen Herkunftsangaben, wie auch das obige Rezept.

1 Laut L. Schlager: Linzer Torte, 1990, S. 24/25, dürfte es sich bei „Frau Loschin“ um die Frau des Anton Josef Loßy von Loßenau gehandelt haben, deren Mann, kaiserlicher Rat und Salzamtmann, 1702 ein Freihaus in Linz besessen hat.

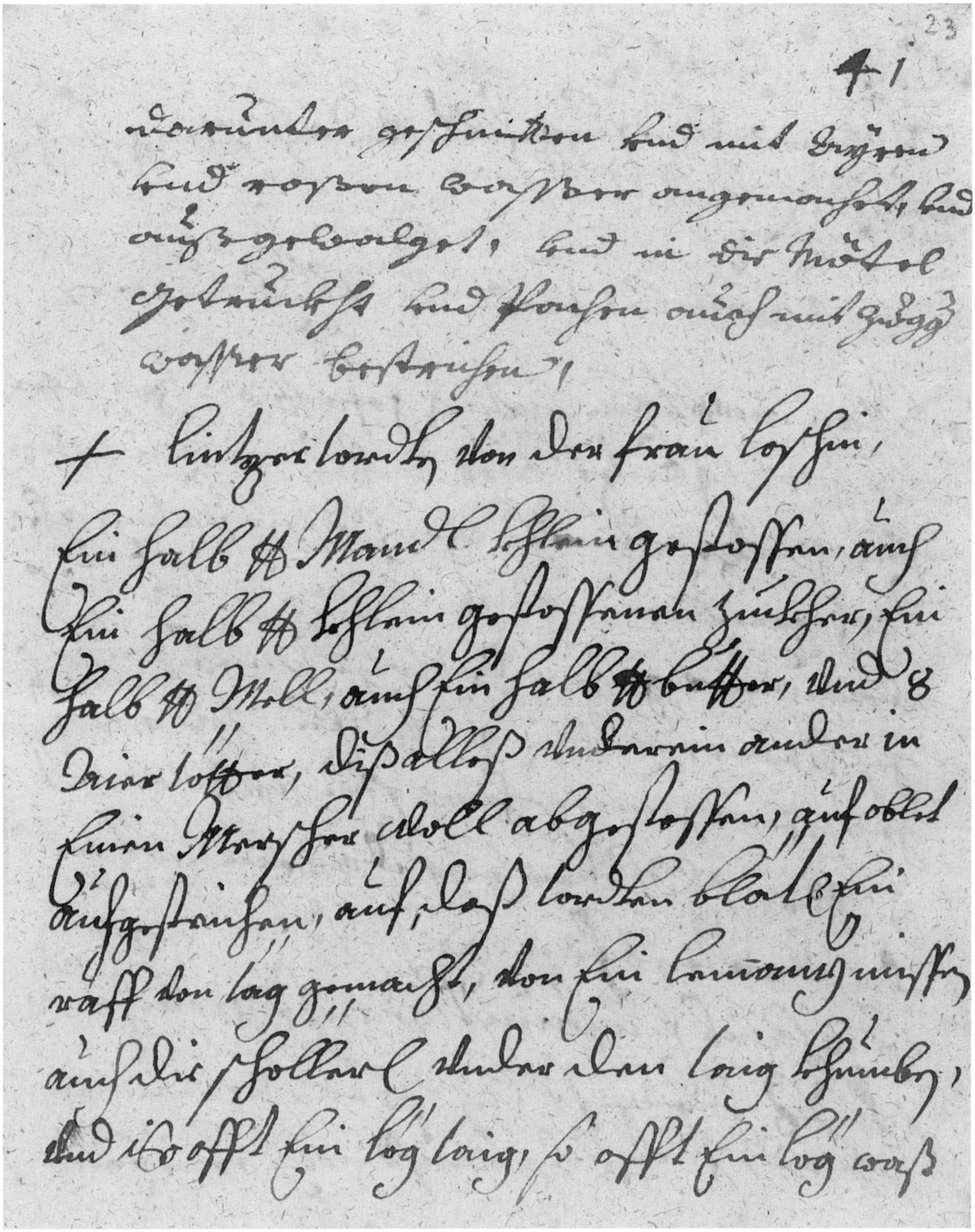

MS 120, fol. 41 r Originalschriftbild

Wie man den Linzer taig machen soll

Erstlich nimb 1/2 lb klein gestossene Mandl
und 1/2 lb frischen butter, rier den butter,
wohl ab in einen Weidling, darnach rier
die Mandl darin, und schlag ein ganzes
Ayr und 3 Dötter darunter, hernach
nimb 1/2 lb gefähten Zuckher, und 1/2 lb Mund
mell, rier den Zuckher und das Mell
untereinand, hernach rier alles un
ter den taig, und behalt ein gutten
theill herauß zu dem außmachen, so
dan lög es auf ein oblath, und auf das
Dortten blath, füll darin was du willst
mueßt aber einen *groben taig umb die
Schüssel machen, damit nichts außrindt,
bach es nit gar zu haiß, gib ihm unten
mehr gluth, als oben, zuckhers, wan du
es auf die tafel gibst.

Zuerst nimm 280 g geriebene Mandeln und
280 g frische Butter. Die Butter in einem Weitling
abtreiben, danach die Mandeln zufügen.
Ein ganzes Ei und 3 Eidotter darunter rühren.
Danach nimm 280 g Staubzucker und
280 g glattes Mehl, vermische beides und rühre es
unter den Teig.
Einen Teil des Teiges auf ein mit Oblate belegtes
Tortenblatt legen, Eingemachtes nach Belieben einfüllen. Den anderen Teil zum **Ausfertigen nehmen.
Nicht zu heiß backen, mit mehr Unter- als Oberhitze.
Zum Servieren anzuckern.

MS 121
fol. 144 r

Anm.: *Hier liegt ein Beispiel einer Schutzhülle, eines „Groben Taiges" vor. Eine billige Masse, z. B. Brotteig, wird – in dem Fall <u>um</u> die Backform gewunden, um ein Auslaufen und Verbrennen der zarten Linzermasse zu verhindern.
Der leichte Teig lässt sich gut als **Gitter aufspritzen, aber nicht zu eng, damit die Marmelade sichtbar bleibt. Die Masse verträgt viel Marmelade. Bei 175° 60 Minuten backen. Das Ergebnis ist auch ohne Gewürze eine Torte von feinstem, butterigem Geschmack, die mit jedem Tag besser wird!

Koch:Buech: Allerhand Warmber Speißen: Auch Dortten Und: Bastötten: 17 Anno 48 MS 121

1748. 247 Bl.; Pappband; 21,7 x 17 cm; Ankauf Maria Seyrl, Bad Hall 1953

Dieses Kochbuch ist sehr liebevoll ausgestattet: das Titelblatt ist mit bunten Buchstaben geschrieben, der Text ist sauber mit schwarzer Tinte und roten Überschriften gestaltet.

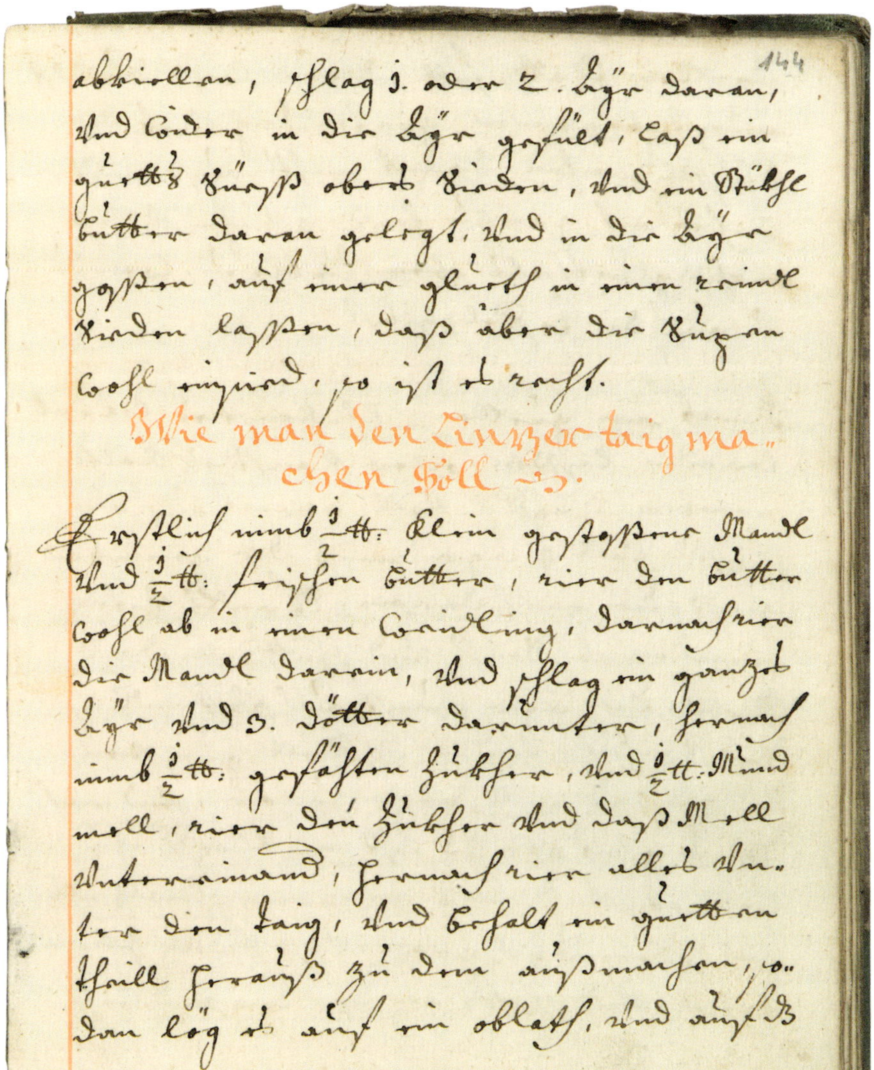

144

abtreiben, schlag 1. oder 2. äyr daran,
und rühre in die äyr gefüllt, daß ein
guettes [illegible] werden, und ein stückhl
butter daran gelegt, und in die äyr
gossen, auf einer glueth in einer reindl
sieden lassen, daß aber die äugen
wohl eingiend, so ist es recht.

Wie man den Linzer taig ma-
chen soll –.

Erstlich nimb 1/2 ℔: klein gestossene Mandl
und 1/2 ℔: frischen butter, rüer den butter
wohl ab in einen weidling, darnach rüer
die Mandl darein, und schlag ein ganzes
äyr und 3. dötter darunter, hernach
nimb 1/2 ℔: gesäfften zukher, und 1/2 ℔: Mund
mell, rüer den zukher und daß Mell
untereinand, hernach rüer alles un-
ter den taig, und behalt ein guetten
theill herauß zu dem außmachen, o-
dan läg es auf ein oblath, und auf dz

MS 121, fol. 144 r Originalschriftbild

Die Linzer Dortten zu machen

Erstlich nim 1 lb Zuckher, wie auch
1 lb Mandl, stoß es ganz klein,
darnach nimb 1 lb siessen Butter,
treib ihn ab eine halbe Stund,
darnach rühre die Mandl darin,
wie auch von einer Lemoni die
Schallen, und den Safft, ... 1 lb
schönes Meel, rühre es auch darin,
wie auch das lb Zuckher, und ein
ganzes ayr, thue es hernach auf
ein Nudl Bröth, mach es ...
schir den taig in Mitten von
einander, walche ein Theil aus,
schmir das Blätl mit Butter,
leg den taig darauf, fülle das
Eingemachte darauf, mache von
dem anderten Taig *Stängel
darauf, bestreich es mit ayr,
mach einen Raif drum, Bach es,
so ist es recht.

Zuerst nimm 560 g Zucker,
wie auch 560 g Mandeln, diese fein reiben.
Danach nimm 560 g süße Butter,
treib sie eine halbe Stunde ab,
dann rühre die Mandeln ein und
die Schalen und den Saft von einer Zitrone.
Verrühre 560 g glattes Mehl darin, den Zucker
und ein Ei. Dann den Teig auf ein Nudelbrett
geben, auswalken, einen Teil in eine befettete Tortenform
legen, mit Eingemachtem füllen. Aus dem anderen
Teig ein Gitter formen, mit Ei bestreichen, backen.
So ist es recht.

MS 119
fol. 12 r

Anm.: *„Stängl" = Stangerl, Teigschlangen, aus denen ein Gitter gelegt wird. Will man das Gitter formen, den Teig dafür mit zusätzlichem Mehl festigen und rollen oder überhaupt aufspritzen. Bei 175° 50–60 Min. backen. Es handelt sich um eine klassische, fein aromatische Torte.

Koch-Buech. Zuegehörig Maria Francisca Voglin 17 Anno 49
Angebunden: Kochbuech Aller Hand Suppen Werch und speißen auf underschidliche Weiß vnd Manier auf die Taffl zu ver=fertigen. Ao. 1738 MS 119

1738 und 1749. Papier, Holzdeckel mit Buntpapierüberzug, Kalbslederrücken, braune Seidenbänder. Am Innendeckel Eigentumsvermerk: „Katharina Schraml 1852 gekauft von der Magdalena Feil"

Dieses Manuskript enthält sozusagen ein „Kochbuch im Kochbuch", von anderer Hand geschrieben und mit einem eigenen Titelblatt. Die spätere Datierung mit 1738 und die nachgeordnete Bindung lassen darauf schließen, dass Maria Francisca Vogl dieses ältere Buch entweder mit dem leeren vorderen Block hat binden lassen (den sie allmählich mit ihren eigenen Rezepten gefüllt hat) oder dass sie ihre fertige Sammlung zusammen mit der früheren dem Buchbinder übergeben hat.

Bl. 1–69; Bl. 70–181; 20,3 x 15,8 cm; Geschenk Karoline Wenger 1944

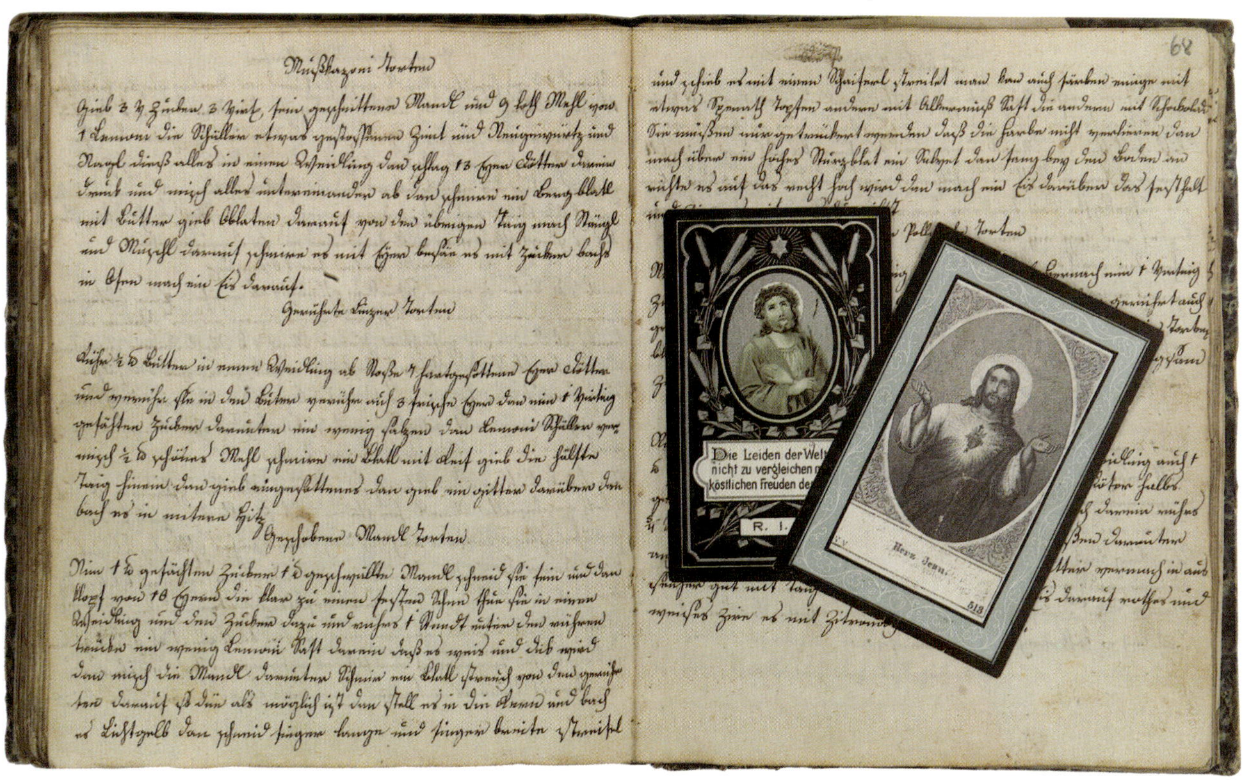

MS 213 „Beilagen", die vom frommen Sinn der Köchin Zeugnis geben.
Gut erproptes Kochbuch Anna Lang 1822 (St. Florian, Stiftsküche)

Ein guete Linzer dorthen

Nimb 1/2 Mäßl Mell, 1 libra Buter
6:ayr döter. 1/2 libra zukher, zimeth
und geribene Muscätnus. Von eine
lemoni ehn saft. 2. Handtvoll
geschnidene mandl ein klein
wenig geschnidene lemoni Schöllerl
arbeite woll ab, untereinander
Von diesem muß der taig recht
werden, formier ihn zu einer Dorthen.

Nimm 0,48 l (= 280 g) Mehl,
*560 g Butter,
6 Eidotter,
280 g Zucker,
Zimt und geriebene Muskatnuss,
von einer Zitrone den Saft,
2 Handvoll (= 140 g) geschnittene Mandeln,
etwas geschnittene Zitronenschale.
Das alles gut miteinander verarbeiten
und den Teig zu einer Torte formen.

MS 149
S. 19

Anm.: *die Menge für Butter muss unbedingt reduziert werden auf 280g!
Das Gitter lässt sich besser spritzen, will man es rollen, muss man dem Gitterteig Mehl zufügen. Die Torte hat einen herrlichen Duft, sie wird saftig und zart.

Koch Puech Von Vnterschiedlichen Schennen vnd Kostbahren Pfannen und zucher, wie auch von unterschiedlichen gepächt und Confect und Eingemachten sachen, auch an Fleisch und Fasttagen zu gebrauchen gehörig Maria Elisabetha Süeplin Welche geschriben worden in Jahr 17 Anno 57. **MS 149**

1757. Papier; Kalbsledereinband mit echten Bünden und einfachem Filetenmuster in Blindpressung auf beiden Deckeln, Lederbandschließe

190 Bl.; 20 x 15,8 cm; Ankauf von Juliane Petz, Linz 1964

Am vorderen Vorsatzblatt Eigentumsvermerk: Katharina Meyner gehörig den 2ten Augusti 1799.
Mit persönlichen Eintragungen über den Einmarsch der Franzosen in Linz am 2. November 1805 und die Vereidigung der Bürger auf Napoleon.

Die Mandel, im Mörser fein gerieben oder klein geschnitten, geschält oder ungeschält, war schon immer eine Grundzutat der Linzer Torte.
Kolorierter Kupferstich aus: Pomona Franconica / Jean Mayer. Tom. 1 Nürnberg, Winterschmidt 1776

Linzer Dortten

Nihm nicht gar 1/2 lb Butter, treib ihn schön sämig ab, schlag
2 ayer daran, verrühr jedes wohl, nihm 12 loth Zucker,
rühre ihn in dem Butter: Nihm 3 ayer- Dotter, rühre
einen nach dem andern hinein, item 12 loth gestoßene
Mandl, 1/2 lb Mund-Mell,... gleber gewogen ist, von
1 lemony die schäler. Von *3en den Saft, ein wenig Zimmeth, Nägl,
Muscatnuß, streiche den halben Theill darauf, fülle etwas
Eingemachtes darein, mache Staingl darauf und bache sie.

Nimm 280 g Butter, treib ihn schön sämig ab, schlage
2 Eier hinein, verrühre jedes einzeln, nimm
210 g Zucker, rühre ihn gut in die Buttermasse. Nimm
3 Eidotter, rühre einen nach dem anderen hinein, ebenso
210 g gestoßene Mandeln,
280 g Mehl,
Schale und Saft einer Zitrone
ein wenig Zimt, Nelkenpulver, Muskatnuss.
Streich die Hälfte des Teiges auf, fülle Marmelade ein,
belege mit einem Teiggitter
und backe sie.

MS 359
fol.6 v, Rezept 26

Anm.: *heutzutage genügt sicher der Saft einer Zitrone. Die Früchte waren auf dem langen Handelsweg eingetrocknet und saftarm geworden, sodass mehrere vonnöten waren, um ein gutes Ergebnis zu erzielen. Dieses Rezept ergibt eine sehr gute, klassische, fein-würzige Linzer Torte. Backen bei 170°, 55 Min.

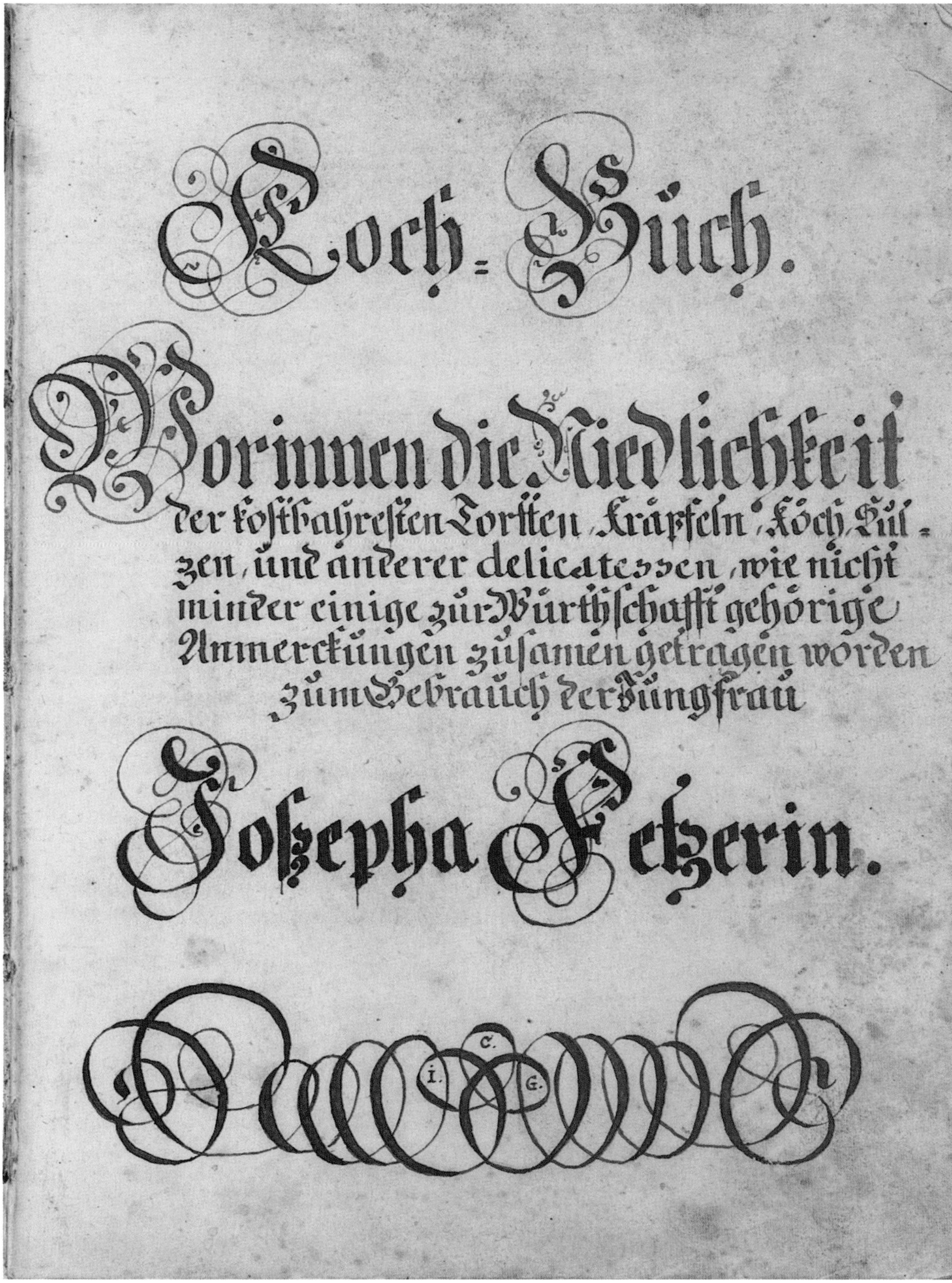
Koch=Büch.

Worinnen die Niedlichkeit
der kostbahresten Torten, Kräpfeln, Koch, Sül=
zen, und anderer delicatessen, wie nicht
minder einige zur Würthschafft gehörige
Anmerckungen zusamen getragen worden
zum Gebraüch der Jüngfraü

Josepha Fekerin.

I. C. G.

MS 359 kalligraphisch ausgeführtes Titelblatt

Die zusamben gesätzte Linzer Tortten

Auf ein halb lb Mell ein halb lb Zuckher, ein
Halb lb Mandl, diese terfen nicht geschwölt, sondern
Sambt den schallen gestoßen, das sie aber nicht bazert
Werden, hernach einen gutten firting butter,
dieser wird mit 5 hart gesottenen eyer totter, in
einen Merser gutt abgestoßen, gib es zu den obigen.
von 1 Lemany die schallen, auch etwas ...
schallen klein geschnitten darzur, auch etwas Zimeth
gewirtz Nägl Muskatnuß, Mach den Täg mit Lemany-
Saft an, so vill daß ehr nicht gar zu weich wird,
walch ihn aus, abr nicht zu tünn, mach rundte
Blätl daraus, schmir die Tortten Blatl mit Butter,
Lög es darauf und bach es schen langsamb, laß es
abküllen, sonst bringt man es nicht gantzer herunder
Hernach streich auf ein jedes blätl etwas eingesot-
tenes darauf, lög es auf einander, aber auf den
Lötzten mach ein Eys darauf, und Laß in ... trickhern...
So ist es förtig.

Nimm 280 g Mehl,
280 g Zucker,
280 g Mandeln (diese dürfen nicht geschält werden,
sondern werden mitsamt den Schalen gerieben)
140 g Butter,
5 Dotter hartgekochter Eier, fein zerdrückt,
Schale 1 Zitrone, etwas Orangenschale (?),
Zimt, Nelken, Muskatnuss,
Saft einer Zitrone – alles gut zu einem nicht zu weichen Teig verkneten.
Mehrere runde Blätter in Tortenbodengröße auswalken,
aber nicht zu dünn,
die Blätter auf mit Butter bestrichenen Böden backen.
Abkühlen lassen, sonst zerbrechen sie beim Ablösen!
Dann mit Marmelade zusammensetzen, den obersten
mit „Eis“ bestreichen und trocknen lassen.

MS 359
fol. 12 r, Rezept 42

Anm.: Hier handelt es sich um ein etwas aufwändigeres Rezept, das sich unbedingt nachzubacken lohnt. Der Teig ist gut zu verarbeiten, die einzelnen Blätter (drei sind gerade recht) lassen sich, wenn sie auf Backpapier gebacken werden, leicht ablösen und brechen nicht. Menge der Gewürze: je 1/2 Teelöffel. Im Heißluftherd werden alle drei Blätter auf einmal gebacken bei 160°, 35 Minuten lang.
Gute Marmelade und zartes Zitroneneis machen diese Torte von Aussehen und Geschmack her zum üppigen, duftenden, echt „barocken“ Gaumenerlebnis!

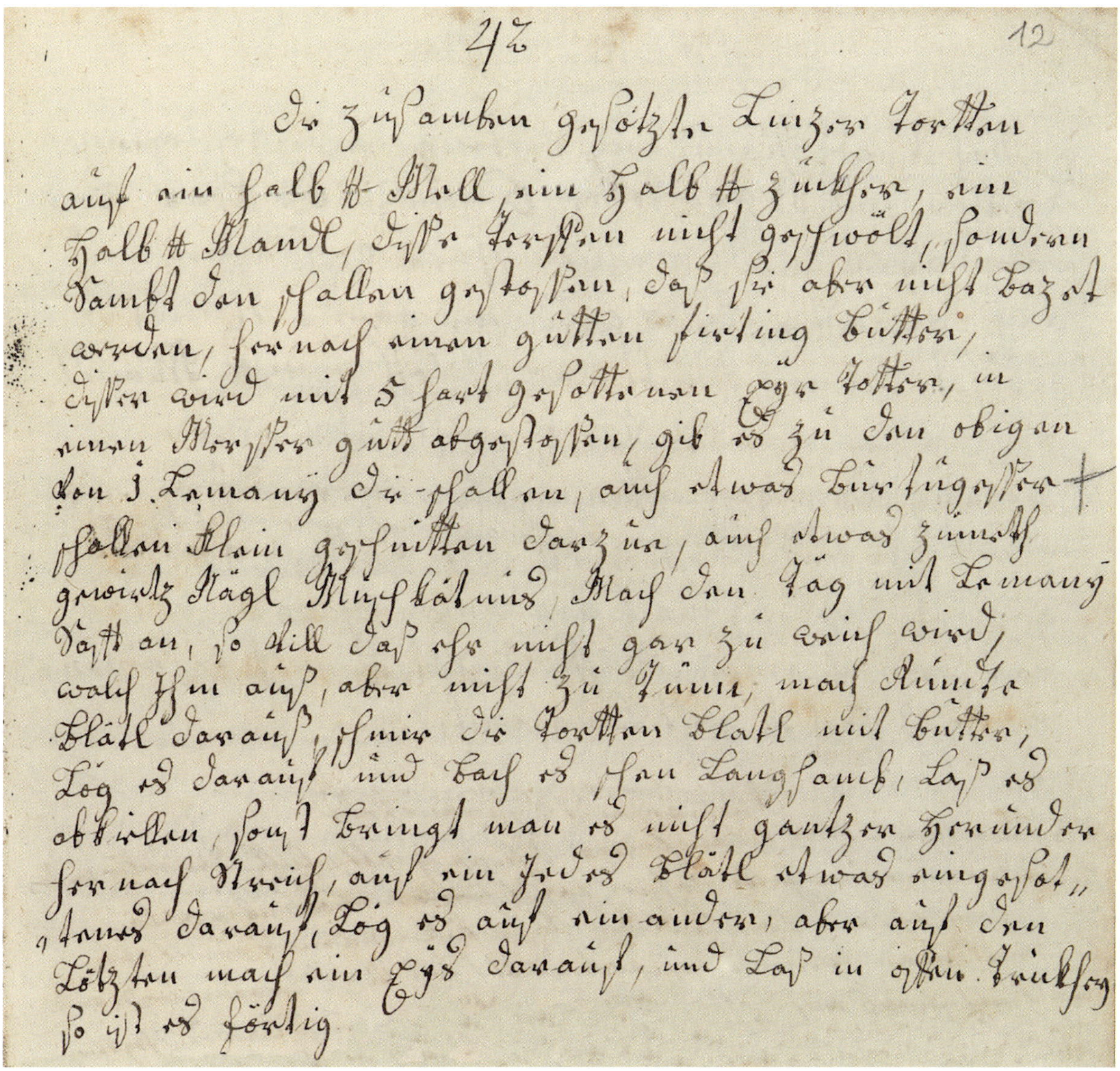

MS 359, fol. 12 r, Rezept 42 Originalschriftbild

Linsertorten

Nim in einen Weidling 1/2 lb Butter 10 Dötter
Treibe es flaumig ab, 1/2 lb Zucker dieß eine halbe
stunde abgetrieben, dan 1/4 lb geschwellte ge-
schnitene Mandeln 5 Lth Citronat, Neugewirz,
Muskablüh Zimmt, Nelken dan den Schneewind,
recht leicht darunter gewäht und 2 Stund gebacken
mit Eis bestreichen.

Treibe in einem Weitling 280 g Butter mit
10 Dottern flaumig ab, füge
280 g Zucker zu und rühre noch einmal eine halbe Stunde.
Dann 140 g geschwellte, geschälte, geschnittene Mandeln dazu,
85 g Zitronat,
Neugewürz (Piment)
Muskatblüte
Zimt
Nelken einrühren.
Den Schnee der 10 Dotter leicht unterheben,
Backen, mit „Eis" bestreichen.

MS 359
fol. 16 r

Anm.: Dieses Rezept enthält kein Mehl! Ob es beim Aufschreiben bloß vergessen worden ist oder ob keines vorgesehen war, ist nicht zu beurteilen. Die Torte wurde nach den vorliegenden Angaben gebacken (60 Minuten, 175°, halbe Menge). Das Ergebnis ist ungewöhnlich von der Struktur her, aber sehr geschmackvoll. Das Zitronat kann fein gerieben zugesetzt werden. Das Gebäck gleicht mehr einem saftig-zarten Auflauf (viel Eischnee!) Das Hinzufügen von 280 g Mehl ist vorstellbar, die Torte wird dann sicher „dichter", besser kann sie kaum mehr werden.

Koch-Buch, worinnen die Niedlichkeit der kostbahresten Tortten, Kräpfeln, Koch, Sulzen, und anderer delicatessen, wie nicht minder einige zur Würthschafft gehörige Anmerckungen zusammengetragen worden zum Gebrauch der Jungfrau Josepha Fetzerin. Anno 1764 in Neustadt; Grätz 1766 MS 359

1764; Halblederband mit echten Bünden und Lederecken, Reste von Leinenbändern, verschiedene Hände; 230 Bl.; 24 x 19,5 cm; Aus dem Altbestand

Die drei vorhergehenden Rezepte lassen vom Schreibstil und von den Zutaten her auf eine kundige Köchin schließen. Sie führen zu den „würzigsten" Ergebnissen dieser Rezeptsammlung.

Wie mann den Lintzer Taig macht

Nim 1/2 lb klein gestossene Mandl, 1/2 lb
frische Buder treib in wohl ab in ein Weyd
ling danach rühr die Mandl darin, schlag
ein ganzes ayr, und 13 Dotter daran,
hernach nimm 1/2 lb gefähten Zucker, 1/2 lb
mell, rühr es untereinander in den
taig bhalt ein guten theil zucker her
auß zu dem eyß, sodan bleg ein Dorten
blättl mit Oblat, streich darauf, füll dar
in, was du willst, muß aber ein grob
en taig in das Plätl machen, damit es
nicht verbrint, bach es nicht gar zu
heiß, gib unten mehr als oben gluth,
sodan mach das eiß darauf, setz wider
hinein bis das eiß drükert, aber nicht
braun, magst nicht gern ein eiß
so zuckers und gibs so auf die tafl.

Nimm 280 g geriebene Mandeln.
Treibe 280 g frische Butter in einem Weitling gut ab,
danach rühre die Mandeln ein.
Schlag ein ganzes Ei und 13 Dotter hinein.
Dann nimm 280 g Staubzucker,
280 g Mehl und rühre beides gut ein.
Behalte einen Teil des Zuckers für das Eis.
Sodann belege ein Tortenblatt mit Oblate, streich den Teig darauf,
fülle womit du willst. Backe sie nicht gar zu heiß,
gib mehr Unter- als Oberhitze.
Sodann mache ein Eis darauf, stelle noch einmal in den
Ofen, bis das Eis trocknet, aber nicht braun wird.
Wenn man kein Eis mag, anzuckern und zu Tisch geben.

MS 151
S. 267

Anm.: Diese Torte gehört eher zu den „flaumigen" Arten. Schon der Teig ist sehr weich, deswegen kann auch kein Gitter geformt werden. Die halbe Masse wird bei 170° 55 Minuten gebacken.

Wie mann die Linzer Dortten macht

Nim 1 Vierting süß Schmaltz* treib es in
einer Schüssl ab, bis es schon weiß wird, dan
1 Vierting Mandl, zirch es ab in
einen Merser, hernach rühr es unter
das abgerührte Schmaltz wohl unterein
ander dan ein halben Vierting schöns mell
und 2 Löffl voll wasser, rühr es auch
wohl untereinander, nimb so vill
alß ein Vierting zucker, nachdem du eß
siß haben willst, … rühr auch darunter
… rühr darein 4 ayr dötter, und
2 ganze ayr, wann dann alles unter
verührt ist, alsdan schmir
ein schüssl mit festen Buder, truckh
den taig darein, als wie presten in
blath, so lass ihn nicht wachsen, füll dar
ein was du gern willst, thue oben auf
gewuzelte Stritzl legen, von diesen taig
formir wie du gern willst, bach die
Dorten in einer gfann, wann er ge
bachen ist, so thue in zuckern, bach ihn
fein … herab, daß er schon leicht göw
farb wird so ist er recht gemacht
gib es warm auf den Tisch.

Nimm 140 g Schmalz* und treib es
in einer Schüssel ab, bis es weiß wird.
Dann 140 g geriebene Mandeln unterrühren.
Dann 70 g glattes Mehl und 2 Esslöffel Wasser dazumengen.
140 g Zucker, 4 Eidotter und 2 ganze Eier einrühren.
Eine Tortenform mit Butter befetten, einen Teil des
Teiges einstreichen, mit Eingemachtem nach Belieben füllen,
gewutzelte Teigstreifen obenauf in beliebiger Form geben.
Wenn der Teig gebacken ist, ihn anzuckern, noch einmal
backen, bis er gelblich wird, so ist er recht gemacht.
**Noch warm zu Tisch geben.

MS 151
S. 277

Anm.: *Schmalz – für dieses Rezept wurde Butterschmalz verwendet! Das Titelrezept ergibt eine flaumig-zarte, feine Torte (gebacken bei 170°, 55 Min.)
**Diese Angabe ist für eine „Linzer Torte" eher ungewöhnlich, aber für das vorliegende Gebäck denkbar, diese zarte Torte braucht keine Lagerzeit.

Kochbuch. 2. Hälfte 18. Jh. MS 151

Papier, Halbledereinband, mit Kleisterpapier überzogen. Grüne Leinenbandschließen; 329 gez. Seiten, 12 ungez. Bl.; 20,5 x 16 cm; Ankauf Antiquariat Töpfer, Linz 1938

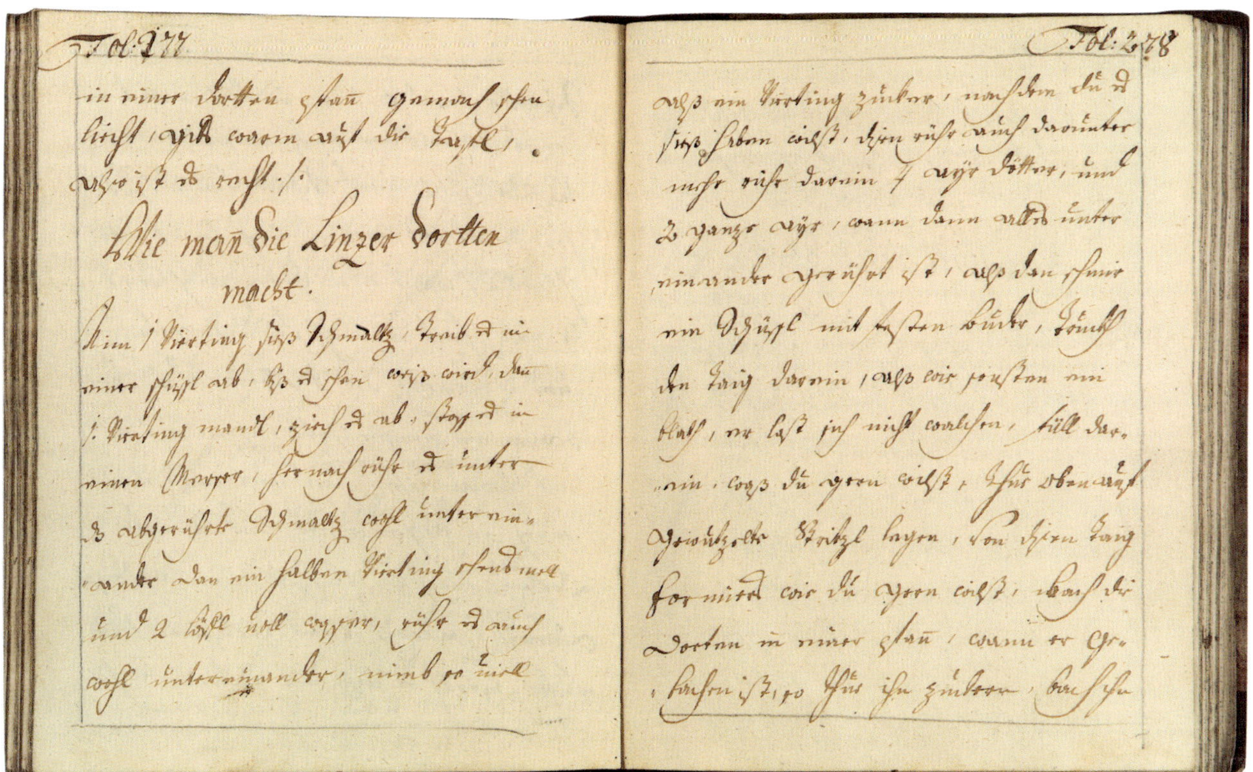
Fol: 277

Wie man die Linzer dortten macht.

Fol: 278

MS 151, S. 277 Titelrezept Originalschriftbild

Halbe Linsser Torten

Mann mischt 3/4 lb klein gestoßene
Mandl, 3/4 lb gestoßenen zucker, 1 lb
Meel, 28 Loth frischen Butter, von 1 Lemony
den Saft, und die Schöllerl, bröslets
untereinander ab, 6 Eyer Dotter daran,
macht den Teig zusammen, walgt von
halben Teig ein Flecke aus klein Finger dick,
schmiert ein Blätl mit Butter, be-
legts mit Oblat, die flecke darauf,
belegts mit eingemachten Sachen,
macht von dem anderen Teig Stängl,
schleißts über die Torten, bestreichts mit
Eyer Klar, bachts in der Torten Pfann
schön licht, ... fertig.

Man mischt 420 g geriebene Mandeln,
420 g Zucker,
560 g Mehl,
490 g Butter,
geriebene Schale einer Zitrone und verbröselt alles miteinander.
6 Eidotter unterkneten und einen Fleck kleinfingerdick auswalken.
Einen Tortenboden mit Butter bestreichen, mit Oblate belegen
und den Teigfleck darauf.
Mit Eingemachtem bestreichen und vom restlichen Teig
Stangerl formen und über die Torte schließen*. Mit Eiklar
bestreichen und schön licht backen.

MS 127
fol. 107 r, Rezept 234

Anm.: *ein Gitter bilden; die halbe Menge, bei 175° 50-60 Min. gebacken, ergibt eine gute Torte

KOCH BUCH von allerhand Rarn auch approbirten Warmen Speisen, wie auch von allerhand Torten und Pfannen Gebächt Item von Kocht und eingemachten Früchten Geschrieben 17 Anno 72 **MS 127**

Rückentitel „Linzer Koch Buch 1772"
Papier; Pappeinband mit Schweinslederrücken; Einband sehr beschädigt, Mäusefraß
176 Bl.; 20 x 15,7 cm; Ankauf Heidl, Linz 1945

Die rote Ribisel (Johannisbeere) ist das bevorzugte „Eingemachte“ für die Linzer Torte. Es kommen aber auch Weichseln, Himbeeren, Weinbeeren und Marillen zum Einsatz.
Kolorierter Kupferstich aus: Botanisches Album. Sammlung von Abbildungen, zusgetr. aus Leop. Trattinnicks's botanischen Werken. Wien, Sammer ca. 1820

den falschen Linzer taig

Nihm 1 Vierting Mehl, 1 Vierding zucker, 1 Vierding Butter, Lemony Schälen, 1 Ey und nimm Dotter, mache alles auf dem Breth an, hernach schlag den taig ab und mach was du wilst.

Nimm 140 g Mehl,
140 g Zucker,
140 g Butter,
Zitronenschale,
1 Eidotter und arbeite alles auf einem Brett ab,
knete ihn und mache daraus, was du willst.

MS 132
S. 2

Anm.: Dass der Linzerteig beliebt und vielseitig verwendbar war, zeigt dieses kurze, klare Rezept und die Formel „mach daraus, was du willst". Es empfiehlt sich, den Teig etwas kühl rasten zu lassen, dann lässt er sich gut verarbeiten. Insgesamt ist diese Masse für eine Torte mit Eingemachtem besser geeignet als für Kleingebäck, weil dieses zwar feinblätterig und duftig wird, aber ziemlich aus der Form läuft.

Koch=Buch zum Nachsehen im Jahre 1784 MS 132

Papier, Pappeinband, Kalbslederrücken und -ecken;
135 Bl., 19,3 x 15,5 cm; Ankauf aus Privatbesitz 1951
Verschiedene Hände; dieses Kochbuch enthält viele internationale Speisen und wirkt sehr fachmännisch

Ein aufgerührte Linzer Torten

Mann nimt 1/2 lb Schmalz, man kann auch
die Helfte Butter nehmen, wie man will,
treibt es ein Stunde gut ab, gibt dann
zwey Eyer Tötter hinzu, die Klar davon
schlägt man zu einem Schnee, und gibt selbe
auch dazu, dann den Saft von einer halben
Limoni, wie auch 1/4 lb Zucker in Limoni
aber abgerieben und dann 18 Loth feines
Mehl, vermische es gutt, mache den form
daraus wie du willst, bestreiche es oben mit
Eyer Klar, und bache es langsamb, es ist gut.

Man nimmt *280 g Schmalz, man kann auch
die Hälfte Butter nehmen, treibt es eine Stunde gut ab,
gibt dann zwei Eidotter dazu und die zu Schnee
geschlagenen Eiklar,
dann den Saft einer halben Zitrone und
140 g **auf einer Zitrone abgeriebenen Zucker,
dann 310 g glattes Mehl. Alles gut vermischen,
in Tortenform bringen, oben mit Eiklar bestreichen
und langsam backen. Es ist gut.

MS 125
fol. 88 r

Anm.: *es genügen auf jeden Fall 200 g Schmalz; **der harte Zuckerhut hat offensichtlich früher gleichzeitig als Reibwerkzeug gedient; man nimmt also 140 g Staubzucker und die abgeriebene Schale einer Zitrone.
Der Vorschlag, halb Schmalz, halb Butter zu verwenden ist sicher nützlich. Die Probetorte wurde allein mit Schmalz gebacken und war durchaus brauchbar. Noch besser ist sie sicher mit einer Fülle oder einem Eis.

***Kochbuch** 1787* MS 125,

Papier, Pappband mit Kalbslederrücken und -ecken. Lederne Bandschließen
138 Bl.; 21 x 16 cm; Ankauf Antiquariat Pisslinger, Salzburg 1940
Verschiedene Hände

Linzer Dortten zu machen

Stoß 1/2 lb Mandl nicht gar klein 1/2 Zucker 3/4 lb Butter rier denselben ab. Schlag 8 Eyr döter 4 ganze riers wohl hinein. Wan es genug geriert, gib die gestossenen Mandl, Limoni, wie auch den Zuckher, ganze Musscatnuß auch sovill Nägl und Zimmt, alß die Musscatnuß austragt. Von einem ganzen Lemoni die Schöllerl, abgeriben, ein wenig Safft darin, auf die Lezte 1/2 lb Mehl, mach den Taig an, Laß in wohl ab stehen schmir ein Bläte mit Buter, streich den Taig darauf so prait du willst, gib ein Füll darin waß beliebt. Thue in der Höhe gräntzl, oder lange Stängl machen, mach einen raiff herumb. Hernach inn mit taig, schmir es mit Wasser und sähe Zucker darauf, pöz in ofen, bache es schen kiel her auß, ist gut.

Reibe 280 g Mandeln nicht gar zu fein.
Treibe 420 g Butter ab.
Schlage 8 Eidotter und 4 ganze Eier in die Butter und verrühre das gut.
Wenn es genug gerührt ist, gib die Mandeln,
von einer ganzen Zitrone die abgeriebene Schale und etwas Saft,
280 g Zucker,
eine ganze Muskatnuss gerieben und soviel
Zimt- und Nelkenpulver, wie die Muskatnuss wiegt, dazu.
Zuletzt rühre 280 g Mehl ein. Lass den Teig rasten.
Befette eine Tortenform mit Butter, streiche den Teig darauf so hoch,
wie du willst. Gib Fülle darauf nach Belieben.
Oben mache Kränzel oder Stängel. Bestreiche es mit Wasser,
bestreue mit Zucker, stelle die Torte in den Ofen, backe sie
schön kühl, ist gut!

MS 130
S. 211, Rez. 379

Anm.: da der Teig weich ist, das Gitter aufspritzen oder den Teig dafür mit Mehl verstärken; die halbe Masse bei 175° 55 Min. backen (nicht länger!) Das Ergebnis ist eine fein-würzige, fast zarte, saftige Torte

Ein Bewertes Koch Buch Von Verschiedenen schönen Speissen, welches Geschriben worden in dem 1. 7. 90ten Jahr. **MS 130**

1790; Papier, Halblederband, Deckel mit Kleisterpapier überzogen (Biedermeier-Dekor); Register. 1 Bl., 346 S.; 21 x 17 cm; Ankauf 1942

MS 130 Halbleder-Einband mit Biedermeier-Dekor

Die Linzer Dortten zu machen

Erst kommt die helfte Butter, und helfte
Schmalz, zusammen 1/2 lb. Treib solches gut ab,
hernach 9 Eyer. Die Hälfte ganze, die Hälfte
dötter, eines nach dem andern verriert. nimm
guten Vierting Zucker, Lemoni Schöllerl alles
gut verrirt 1/2 Pfund schönes Mell, schmire
ein Pfändl mit Butter mach ein Raif herum,
fille den daig halbst darin überstreich es mit
Eingemachtem oder Weinbirl. Fülle den daig so
übrig blieben ist darauf, mach es schön gleich
und bachs und so es gebachen so ist es gut.

Zuerst 140 g Butter und 140 g Schmalz
gut abtreiben. Dann 9 Eier, davon vier ganze und 5 Dotter,
eines nach dem anderen darinnen verrühren.
Nimm 140 g Zucker, Zitronenschalen und rühre es ein.
280 g glattes Mehl dazurühren.
Eine Tortenform befetten, den halben Teig einfüllen,
mit Eingemachtem bestreichen oder Weinbeeren auflegen.
Den restlichen Teig darüber streichen und backen.
So ist es gut.

MS 150
S. 120, Rez. 164

Anm.: Dieses Rezept ergibt eine helle Torte, die ihren Geschmack aus Zitronenschale und der Würzigkeit des Eingemachten bezieht. Bei 175° 50 Min. backen

Eine gute Linzer Dorten zu machen

Nimm 1/2 Pfund schönes Mehl, und so vill
Butter, 1/4 abgezogene und fein gestossene Mandl,
ein starker firting Zucker
und 4 hart gesottene Eyer Dötter werden mit den
Mandeln gestossen der Butter wird flaumig abge
trieben die Mandl kommen auch darunter. Hernach nimmt
man 9 Eyer Dötter treibt die flaumig ab, hernach
den Zucker darein. Etwas Lemoni Schöllerl auch den
Saft etwas Zitronat fein geschnitten, hernach wird
das mehl darin gemacht in ein Blatl gegossen schön
langsam gebachen ist recht und gut

Nimm 280 g glattes Mehl,
280 g Butter
140 g geschälte, geriebene Mandeln,
140 g Staubzucker.
4 hart gekochte Eidotter werden mit den
Mandeln fein gerieben. Die Butter wird flaumig abge-
trieben, die Mandelmasse dazugeben.
Danach nimmt man *9 Eidotter und rührt sie schaumig
und den Zucker hinein. Dazu etwas Zitronenschalen und
-saft, etwas **Zitronat fein geschnitten. Zuletzt kommt das
Mehl dazu. Alles in eine Tortenform füllen und schön
langsam backen, dann ist es recht und gut.

MS 150
S. 184, Rez. 237

Anm.: die Köchin dieses Manuskriptes hat mehrere Rezepte für „Linzer Torte" hinterlassen mit genauen Angaben zur Zubereitung. Diese Torte ist so gedacht, wie sie aufgeschrieben ist: ohne Gitter, ohne Eingemachtes.
*Es genügen auch 6 Dotter; **100 g Zitronat, das man am besten mit den Mandeln fein reibt. Bei 175° 55 Min. backen. Das Ergebnis ist eine sehr feine, fast zart zu nennende Torte.

Linzer Torte

Treibe 3/4 lb Butter
gflaumig ab, 12 Loth Zucker
2 ganze Eier und 4 Dotter
Gewürzt und Zitronen
Rinde, Oranschen Saft,
30 Loth Mehl mach es
zusammen, gib die Hälfte
Teig, auf das beschmirte
Blatt, dann gib den be
schmirten Reif herum gib
Oblatten darauf dann das
Eingesottene, dann mache
von der anderen Hälfte
Teig Stangeln und lege sie
es über das Kreuz zusam
men, bestreiche dann
alles mit Eier und gib
auch klein geringte
Mandel darauf, und
bache es auch langsam
aus den Rore.

Treibe *420 g Butter flaumig ab,
210 g Zucker,
2 ganze Eier und 4 Dotter,
Gewürz und Zitronenschale,
Orangensaft ebenfalls einrühren.
Dazu 525 g Mehl.
Die Hälfte des Teiges in eine befettete Tortenform streichen,
mit Oblate belegen, darauf das Eingemachte füllen.
Von der anderen Hälfte Stangeln formen und sie über Kreuz
auflegen. Mit verklopftem Ei bestreichen und mit geschnittenen
Mandeln bestreuen. Langsam backen.

MS 150
Beil. 1, fol. 1 v

Anm.: *die Menge für Butter muss man unbedingt reduzieren auf 360 g. Das Gebäck ist gut und von feinem Duft. Es ist das erste Rezept, in dem Mandeln als Verzierung aufgebracht werden. Bei 175° 55 Min. backen.

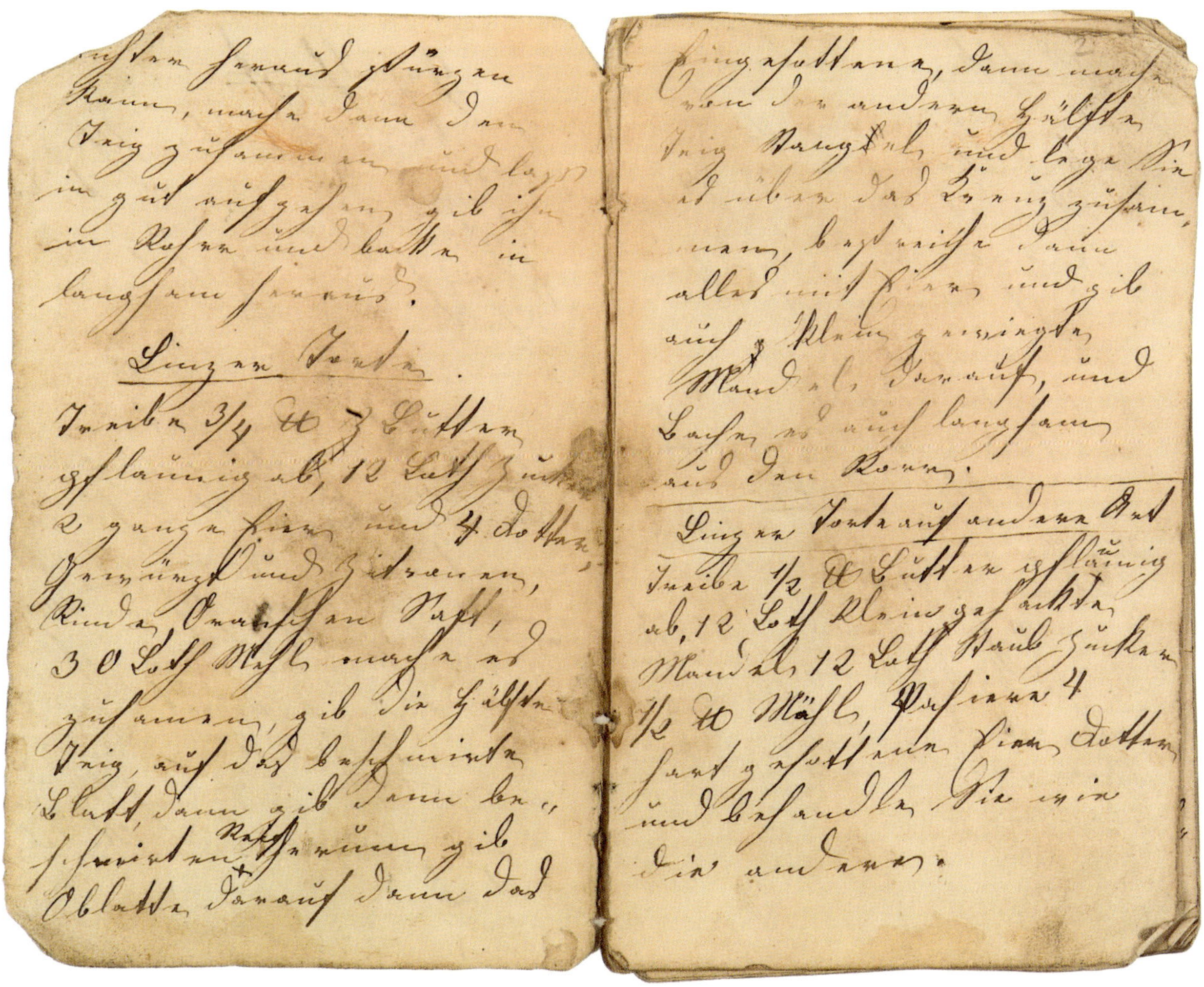
...chten heraus bringen
kann, mache dann den
Teig zusammen und lege
ihn gut aufgehen, gib ihn
in Rohr und backe ihn
langsam heraus.

Linzer Torte

Treibe 3/4 ℔ Butter
pflaumig ab, 12 Loth Zucker
2 ganze Eier und 4 Dotter,
Gewürznägel und Zitronen,
Rinde, Orangen Saft,
30 Loth Mehl mache es
zusammen, gib die Hälfte
Teig auf das bestrichene
Blatt, dann gib dann be-
schriebenen Ratschnüre gib
Oblatte darauf dann das

Eingesottene, dann mache
von der anderen Hälfte
Teig Stangerl und lege sie
über das Ganze zusam-
men, bestreiche dann
alles mit Eier und gib
auch klein geriebene
Mandeln darauf, und
backe es auch langsam
aus dem Rohr.

Linzer Torte auf andere Art

Treibe 1/2 ℔ Butter pflaumig
ab, 12 Loth klein geschnittene
Mandeln, 12 Loth Staub Zucker
1/2 ℔ Mehl, Dotter 4
hart gesottene Eier Dotter
und behandle sie wie
die andere.

MS 150, Beilage

wieder eine linzer Torte

Nim 1 lb Butter, 1/4 lb
Zucker klein gestossen
etwas Muschkablüthe auch
fein gerieben, rühre es
gut und wenn der Butter
mit den Zucker gut abge
trieben ist, dann rühre es
sehr langsam, und nimm
auch nicht zu viel Mehl, son
dern langsam und gut wird
das Mehl verriert und dann
dazu 1 1/4 lb Mehl, es ist gut.

Nimm 560 g Butter,
140 g Staubzucker,
etwas Muskatblüte fein gerieben,
sehr gut abtreiben.
Danach Mehl nach Bedarf
sanft einarbeiten, ca. 700 g Mehl.*

MS 150
Beil. 1, fol. 3 r

Anm.: *Hier sind nur die unbedingt notwendigen Angaben zu Zutaten und Verarbeitung gegeben. Da dieses Rezept in der Vorlage dem vorhergehenden unmittelbar folgt, darf eine Weiterverarbeitung wie dort angenommen werden: die Hälfte des Teiges in eine befettete Tortenform streichen,mit Oblate belegen, darauf das Eingemachte füllen.
Von der anderen Hälfte Stangeln formen und sie über Kreuz auflegen. Mit verklopftem Ei bestreichen und mit geschnittenen Mandeln bestreuen. Langsam backen.
Diese Torte lässt sich schnell und einfach nachmachen. Die Muskatblüte gibt ihr einen feinen Geschmacksakzent, der lieblicher ist als Muskatnuss. Das Gebäck wird zart-mürb und sanft-würzig. Man sollte den Teig nicht gar zu dick aufstreichen und bei 170° 55-60 Min. backen. Etwas Lagerzeit ist zu berechnen.

Ein bewehrtes Koch=Buch so von mir Elisabeth Milnauerin mit möglichen Fleis 1803 beschriben worden. **MS 150**

1803; Papier; bemerkenswerter Kalbsledereinband mit echten Bünden und Blindpressung mit Filete und Rollen auf beiden Deckeln. Beiliegend Rezept-Heftchen und Rezeptzettel,

5 Bl. Gedichte eines Franz Lang

185 S., 1 Bl.; 22 x 18 cm; Geschenk Justus Schmidt 1940

In diesem vornehmen Kochbuch, das sich in seinem Äußeren von den anderen durch den edlen Einband hervorhebt, finden sich fünf Rezepte für Linzer Torte, zwei im Buchblock und drei im beiliegenden Rezeptheftchen von anderer Hand.

Die vollkommen gute Linzer Torten

Man nihmt 3/4 lb Butter, und 1/4 lb frisches Schmalz,
treibt solches recht flaumig ab, danach nimmt
man 10 große Eyrdötter, und treibt
solches wieder gut ab, dann nihmt man 1/4 lb
fein gefähten Zucker, samt anderthalb
Vierting gestossenen Mandl, und rühre es
recht flaumig auf, Lemonie Schöllerl, und
nun einen Gedanken mit Salz sprengen,
zuletzt rührt man aber nur recht subtil
ein Pfund schönes Mehl hinein, aber nicht
mehr aufrühren, jetzt man ein Tortenblat
tel, und streicht die Hälfte Teig darauf,
dann füllt man solches mit was man will,
dann nimmt man eine Sprizen, und sprizt die
andere Hälfte darauf, und lasse
solche langsam eine gute Stunde backen,
in der Höhe thut man solche etwas mit einem
… mit frischem Wasser be
sprizen, und wenig zuckern, dann setzt
man es recht in den Ofen.

Man nimmt 420 g Butter und 140 g frisches Schmalz
und treibt dieses recht flaumig ab. Danach nimmt man
10 große Eidotter und rührt alles wieder gut ab. Dann nimmt man
140 g Staubzucker samt 210 g geriebenen Mandeln
und rührt es recht flaumig auf. Zitronenschale und Salz,
„einen Gedanken lang" gestreut, einmischen.
Zuletzt rührt man sehr vorsichtig 560 g glattes Mehl ein.
Eine Tortenform befetten, die Hälfte des Teiges einfüllen,
mit beliebigem Eingemachtem bestreichen. Die andere
Teighälfte mit einer Spritze auftragen. Die Torte langsam
eine gute Stunde backen.
Danach mit etwas Wasser bestreichen und ein wenig zuckern
und im Ofen trocknen lassen.

MS 223
Beil. S. 13

Anm.: Die Verfasserin dieses wortreichen Rezeptes verwendet sehr anschauliche Begriffe: „einen Gedanken [lang] mit Salz sprengen" und „recht subtil" einrühren. Der Namen ist berechtigt: das Rezept ergibt eine klassische, zart duftende, mürbe Torte, die dem „Urbild" einer Linzer Torte voll entspricht. Die halbe Masse bei 170° 55 Min. backen. Ziehen lassen!

Kochbuch für Fastenspeisen Josephine Feichtinger 1818 MS 223

Papier, 19. Jh.; Halbleinenband mit marmoriertem Papierüberzug;
149,10 Bl.; 23 x 18,5 cm; Altbestand

Alle Mehlspeisen wurden zu den „Fastenspeisen“ gezählt. Auch Koche, Puddings, Krapfen, Nudeln, Milchspeisen, Schmarren, Germspeisen, alle Torten fallen darunter und natürlich alle Fischgerichte.

Von Josephine Feichtinger liegt auch ein Band „Fleischspeisen“ vor:
Kochbuch für Fleischspeisen Josepha Feichtinger 1818, MS 222

Muskatenstrauch, Muskatblüte, Muskatnuss
Kupferstich aus: Icones Plantarum medico-oeconomico-technologicarum. Abbildungen aller medizinisch-ökonomisch-technologischen Gewächse / Ferd. Bern. Vietz. Vol. 2
Wien, Eder 1800

Linzer Torten

Man nimt 1/4 Butter, treibt solchen recht flaumig ab, schlägt
ein ganzes Ei und zwey Dotter daran verührt sie gut, dann ein 1/4
recht klein gestossene Mandel daran gerührt, dann gibt man
ein 1/4 fein gestossen Zucker, und ein 1/4 schönes Mehl dazu, bestreicht
das mit Butter beschmirte Blat messerrückendick mit dem Teig
und … eingemachtes.

Man nimmt 140 g Butter und treibt ihn recht flaumig ab.
Man schlägt ein ganzes Ei und 2 Dotter hinein und verrührt sie gut,
dann 140 g geriebene Mandeln dazu,
140 g Staubzucker und
140 g glattes Mehl.
Die mit Butter befettete Tortenform messerrückendick mit Teig
bestreichen, Eingemachtes einfüllen.

MS 165
fol. 31 r

Anm.: Das Gebäck schmeckt eher „brav", es ist fein strukturiert. Bei 170° 55 Minuten backen. Ein Zitroneneis wirkt bei dieser Torte sicher erfrischend.

Kochbuch zum Gebrauche der Fräule Fany v. Herold aus Stoder A. 876.
unten: Ao 1822 Kochbuch MS 165

1822; Papier, von Hand genähter Heftblock, viel benutzt, stark gebräunt.
34 Bl.; 24 x 19cm; Geschenk Mitzi Dworak, Linz 1944

Der Linzer taig

Nim $^{1}/_{2}$ Pfund Butter und sovill Mehl auch 3 Loth gestoßene Mandl 4 hart gesottene Eijer dötter Zucker sovill du brauchst auch klein geschnittene Lemoni Schäller ein wenig Salz alles untereinander abgemischt und mit einem Walker gut abgemacht und abgedrückt bis ein Taig wird
Mit diesem Taig kannst du machen was du willst es wird alles
… gut davon

Nimm 280 g Butter und
280 g Mehl, auch
525 g geriebene Mandeln,
4 hart gekochte Eidotter,
Zucker nach Bedarf [280 g],
auch klein geschnittene Zitronenschale,
ein wenig Salz.
Das alles untereinander gut abkneten.
Mit diesem Teig kann man machen, was man will,
es wird alles gut davon.

MS 213
fol. 66 r

Anm.: Dieses weitere Rezept eines „Linzer Teiges“, aus dem man „machen kann, was man will“, ist eine etwas verfeinerte Art. Der Teig ist gut zu verarbeiten, backen bei 170°, 55 Minuten lang. Die Torte schmeckt sehr gut, Lagerzeit einhalten!

„Kochbuch-Trilogie“ der Rosine Pumb aus Enns 1858–1859
Kochbuch von Mehlspeisen, Kochbuch von Fleischspeisen, Speiss-Zettel

Gerührte Linzer torte

Treib 1/2 Pfund Butter oder Schmalz ab in einem Weidling schaumig ab. Stoß
4 Loth geschwällte Mandl feuchte es mit Eyrklar an gibs in Butter
verrührs schlag 3 Döttern nach und nach darein mischs ghläufig ab gieb
von 1 Lemoni die Schäller darein und den Saft etwas Salz dan 6 Loth ge
fähten Zucker und dan auch ein halb Pfund gefähten Zucker und dann misch
1/2 Pfund
schönes Mehl darein Schmire einen Torten Blat samt Reif besäes mit Zucker
gib die Hälfte Taig darauf dann fülle es mit Eingemachten und übrigen
Taig darauf Schmir es mit einem Eyer Bachs langsam bey einer Stund

Treibe 280 g Butter oder Schmalz in einem Weitling schaumig ab.
Reibe 70 g geschwellte [und geschälte] Mandeln, feuchte sie mit
Eiklar an, gib sie zur Butter und verrühre sie.
Schlag 3 Dotter nach und nach dazu und mische alles gut ab.
Füge die Schale einer Zitrone hinzu und den Saft,
auch etwas Salz, dann 105 g Staubzucker und mische
280 g Staubzucker und 280 g glattes Mehl ein.
Befette eine Tortenform, bestreue sie mit Zucker, gib
die Hälfte des Teiges darauf, bestreiche mit Eingemachtem,
fülle die zweite Hälfte darauf, bestreiche mit verklopftem Ei
und backe es langsam ungefähr eine Stunde.

MS 213
fol. 67 r

Anm.: Das Rezept ergibt eine gute, leicht speckige Torte. Die beiden Angaben Zucker dürfen nicht irritieren, es wurden beide Mengen verwendet. Beim Backen darauf achten, dass am Anfang der 60minütigen Backzeit 20 Minuten lang Unterhitze geschaltet wird (175°).

Die Linzer Torte

Stoße 1/2 Pfund Mandl nicht gar zu klein ein halbes Pfund feinen Zucker 3 Virting Butter treibe den Butter schön gflaumig ab 8 Eyer Dötter, 4 ganze eines nach dem andern ab dan gib die Mandl und den Zucker hinein eine ganze Muskatnuß Nagl und Zimt gestoßen darunter reibe eine Lemoni mit Zucker ab und gib ein bißchen Saft darein Nim 1/2 Pund Mehl mach den Taig … schmir ein Blatl Butter streich einen Taig darauf fülle ihn mit eingemachten mach oben Kränzel oder Stangel darauf mach einen Reif herum bestreich es mit Wasser und Zucker und bach es ganz kühl heraus.

Reibe 280 g Mandeln nicht gar zu fein;
280 g Staubzucker,
420 g Butter treibe schön flaumig ab,
8 Eidotter und 4 ganze (Eier) eines nach dem anderen rühre ein,
dann gib die Mandeln und den Zucker hinein,
eine ganze Muskatnuss gerieben, Nelken- und Zimtpulver;
reibe einer Zitrone mit Zucker die Schale ab und gib auch etwas Saft zum Teig.
Nimm 280 g Mehl und mache den Teig fertig.
Befette eine Tortenform mit Butter,
streich einen Teil des Teiges auf, fülle ihn mit Eingemachtem,
mache oben ein Gitter, bestreiche mit Wasser und Zucker
und backe es bei milder Hitze.

MS 213
89 v

Anm.: dieses Rezept ergibt eine „klassische“ Linzer Torte, mit Eingemachtem und Gitter, mit würzigem Duft und von zart-mürber Beschaffenheit. Sie wird mit jedem Lagertag besser! 3/4 der Masse müssen bei 175° 65 Minuten backen.

Gut erproptes Kochbuch zugehörig Anna Lang den 30t 8ber {1}822

1822 MS 213

Auf dem vorderen Vorsatzblatt Bleistiftschrift: „Das Kochbuch bekomt die Frau Mizzi Rammler von meiner GottSeligen Frau Mutter Anna Nickl Cirurgensgatting aus Markt Haag Nied. Östrich was sie selbst geschrieben hatte wie Sie in Florian in der Stifts=Küche lernte. Es ist ein recht altes Antieck. Deine Gros-Mutter Marie Schilhuber O.Östr: Linz. Kloster Boromärinen / 1. Stock No 5. Haus No 23"
Papier, Pappband mit ovalem Schildchen;
94 Bl.; 20,9 x 16,3 cm; Ankauf Buchhandl. Pirngruber Linz 1942

An diesem „recht alten Antieck", das die Großmutter ihrer Enkelin zueignet, kann man gut ersehen, wie geschätzt Familienkochbücher waren. Wenn bei den Vorfahren eine Köchin in einem angesehenen Haushalt ihrem Beruf nachgegangen ist oder wie hier in der Stiftsküche St. Florian „gelernt" hat, waren ihre Aufzeichnungen begehrte Erbstücke.

Die „Linzer Torte" schien hier in mehreren Varianten in Verwendung gewesen zu sein, es sind allein davon fünf Rezepte verzeichnet.

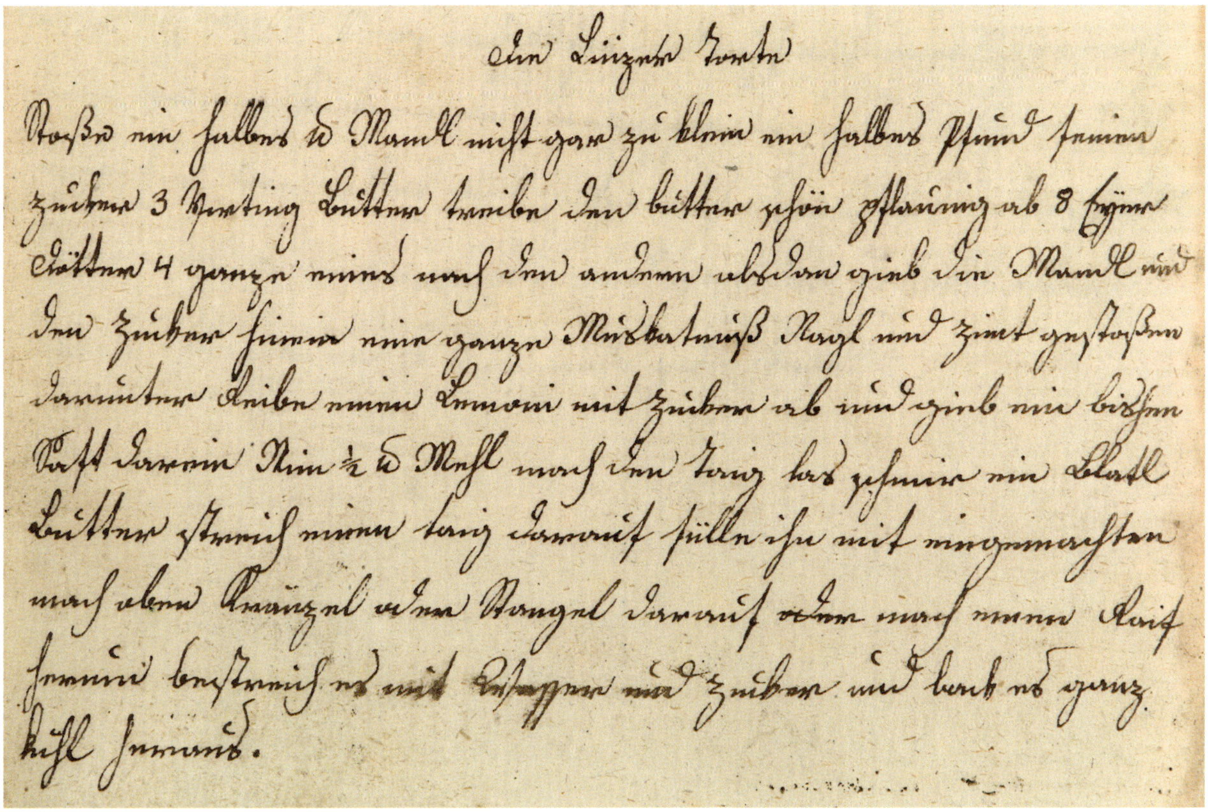

Ein Linzer Torte

Stoßt ein halbes ℔ Mandl nicht gar zu klein ein halbes Pfund feinen Zucker 3 Vierting Butter treibe den butter schön pflaumig ab 8 Eyer Dotter 4 ganze eines nach dem andern abrühr gieb die Mandl und den Zucker hinein eine ganze Muskatnuß Nagl und Zimt gestoßen darunter Reibe einer Lemoni mit Zucker ab und gieb ein bißchen Saft darein Nim ½ ℔ Mehl mach den Teig bis schmier ein Blatl Butter streich einen teig darauf füll ihn mit eingemachten was ebens Waingerl oder Rangel darauf oder mach einen Reif herum bestreich es mit Schaum und Zucker und back es ganz kühl herauß.

MS 213, 89 v Originalschriftbild

Besonders feine Linzertorte

Treibe 12 Lth frische Butter sehr fein ab, dann Löffel
weis 18 Lth gefähten Zucker u 5 Lth geschwällte Mandeln
welche mit 6 Lth Zucker gestoßen werden dazu. 14 Dotter
einen nach den andern das Ganze 1 Stunde rühren. Dann
zuletzt 12 Lth feines Mehl, ... Vaniglie ... Lemonie
schalen u von 4 Klar festen Schnee. In 3 Blättern backen
... in Model, kalt füllen u zusammensetzen.

210 g Butter flaumig rühren,
430 g Zucker und
90 g geschwellte, geschälte und geriebene Mandeln löffelweise einrühren.
14 Dotter einzeln einmengen und alles gut abtreiben.
210 g Mehl,
Vanille und Zitronenschalen
Schnee von 4 Eiklar unterheben.
In drei Blättern backen, kalt füllen und zusammensetzen.

MS 158
Bl. 67 r

Anm.: der Teig zu dieser Torte ist geradezu zart. Man kann ihn in Form von drei Böden backen (bei 170° 35 Min.) und zusammensetzen oder – einfacher – auf ein Blech streichen, nach dem Backen dritteln und mit feiner Marmelade füllen, danach in Schnitten teilen.

Kochbuch. 1 Hälfte 19. Jh. MS 158

Lachinger Leopoldine
Papier; Pappdeckel, die mit rotem Band am Rücken zusammen geheftet sind.
92 Bl.; 24 x 18,8 cm; Alter Bestand

Linzer Torten

Nim 3/4 lb Butter, treibe ihn bflaumig ab, nim 1/2 lb fein
gestossene und geschwelte Mandl unter den stossen
feuchte es mit einem Eyerklar oder Lemoni Saft
an nimm 1/2 gefehten Zucker, und von einer ganzen
Lemoni die Schöller dazu und nim wenig Zimmet
und 3/4 lb gefehtes Mehl zuerst veriehr die Mandl
dan den Zucker und Lemonischäller und Zimmet
zuletz das Mehl dan rühre es gut dan
schmire ein Torten Blatel mit Schmalz dan fihle
einen Theil darein dan streiche Riwisel darauf
und gieb den andern Theil gar darauf man kann
auch mit einer ..... Spritze einen .....
darauf machen schmir sie mit Eyer Klar
und bache es ... langsam man kann auch ein Eis darauf machen ist fertig

Nimm 420 g Butter, treibe ihn flaumig ab,
nimm 280 g geschälte, geriebene Mandeln,
feuchte sie mit einem Eiklar oder Zitronensaft an.
Nimm 280 g Staubzucker, von einer ganzen Zitrone
die Schalen und ein wenig Zimt und 420 g gesiebtes Mehl.
Zuerst verrühre die Mandeln, dann den Zucker
und die Zitronenschalen und den Zimt, zuletzt das Mehl.
Eine Tortenform befetten, einen Teil des Teiges einfüllen,
Ribiselmarmelade darauf und den zweiten Teil des Teiges einfüllen.
Man kann auch mit einer Spritze ein Gitter
darauf machen. Mit Eiklar bestreichen und langsam backen.
Man kann auch ein Eis darauf machen.

MS 144
S. 129

Anm.: gut zu verarbeiten; die halbe Menge bei 175° 55 Min. backen; ergibt eine gute, feinwürzige Torte

Koch-Buch. 1. Hälfte 19. Jh. MS 144

Papier; Halblederband mit echten Bünden; Papierüberzug mit biedermeierlichem Blumenmuster; verschiedene Hände; beiliegende Zettel („Gebeth bey Verluste meines Kindes", „Mittel gegen Zahn- und Kopfweh", Kochrezepte)
101 S., 133 Bl.; 20,5 x 16 cm; Geschenk Max Ottenweller 1933

Linzer Dorten

Man nimt 1 lb Mehl 1 lb Butter, 16 hart gesottene Eyer, wovon man die Dötter nimt, und zerbröcklet sie ganz klein unter das Mehl, zerbröslet auch den Butter klein darunter, ein wenig gesalzen, auch zümeth, Nagl, und Vanili darunter, 1/2 lb fein gestossener zucker, und macht den taig mit dem Walcher zusamen, den halben theil walcht man auf das Dorten Plattl, überstreicht es mit Eingesottenen, von den übrigen taig, macht man Stengel, und Ringeln darauf.

560 g Mehl,
560 g Butter,
16 Dotter hartgekochter Eier miteinander verbröseln,
1 Prise Salz,
Zimt, Nelken, Vanille,
280 g Zucker – alles miteinander verkneten.
Die Hälfte des Teiges auf ein Tortenblech walken,
mit Eingesottenem belegen,
Stängel und Ringel aufbringen.

MS 147
Bl. 45r

Anm.: bei halber Menge 1/2 Teelöffel Zimt und etwas weniger Nelkenpulver verwenden; der Teig wird mäßig fest und lässt sich gut verarbeiten; bei 175° 55 Min. backen; die Torte unbedingt 2–3 Tage rasten lassen

Kochbuch „T L". 1. Hälfte 19.Jh. MS 147

Papier; Kalbsledereinband mit echten Bünden und Goldpressung auf dem Rücken
1 Bl., 133 S., 45 Bl.; 24,5 x 19,2 cm; Ankauf Kieninger, Linz 1950

Harte Linzertorte

Nimm 1/2 lb Butter, 1/2 lb Zucker, 1/2 lb Mehl, 6 hartgesottene Eyer Dötter, 6 Loth mit Zucker gestossene Mandln, von 1 Limonie die Schalln, und von einer halben den Saft, mache es auf den Nudlbret geschwind zusammen, walge ihn fingerdick aus, gib ihn auf ein Blattl, mache ein Gitter darüber, backe ihn schön und gib dann zwischen das Gitter Eingesottenes hinein.

Nimm 280 g Butter,
280 g Zucker,
280 g Mehl,
6 hartgekochte Eidotter,
105 g mit Zucker zerriebene Mandeln,
von einer Zitrone die Schale und von einer halben den Saft,
das alles auf dem Nudelbrett rasch abkneten,
fingerdick auswalken, in eine Tortenform füllen,
ein Gitter darüber machen, schön backen und *dann zwischen
das Gitter Eingemachtes füllen.

MS 152
S. 202, Rez. 8

Anm.: Der Begriff „harte Torte" kann nur im Vergleich zu den teilweise fast flaumigen „gerührten" Torten zu verstehen sein. Diese Torte ist keineswegs härter als andere mürbe Linzer Torten. Wenn allerdings das Eingemachte erst nach dem Backen eingefüllt wird, ist das Ergebnis fast zwangsläufig trockener und fester. Die Torte muss dann besonders lange ziehen. Das vorliegende Rezept ist geschmacklich sehr gut, es empfiehlt sich trotzdem, das Eingemachte schon vor dem Gitter und vor dem Backvorgang aufzubringen. Bei 175° 50–60 Min. backen.

Kochbuch. 1. Hälfte 19. Jh. **MS 152**

Papier; Pappband, mit Marmorpapier überzogen; unbeschriebenes Titelschildchen auf dem Vorderdeckel
254 S.; 21 x 17 cm; Ankauf Maria Noppinger, Salzburg 1946

Linzer Dorte

Man nimt 1/4 lb abgezogene Mandeln, die Hälfte wird sehr fein gestossen, die andere Hälfte mit dem Schneid messer sehr fein geschnitten, die Mandeln werden in 1/4 lb Mehl gut vermischt, 3 Eyer werden hart gekocht die dötter mit 1/4 lb Butter im Mörser gestossen, das Mehl und die Butter kommen auf das Nudlbret, dazu gibt man 1/4 lb zuker, 1 Loth Zimmt, 15 Gewürznel ken, alles fein gestossen, ein halbe kleine Mus- katnuß wird gerieben, und von einer Lemony die Schallen fein geschnitten, auch dazu gegeben, und wird alles gut vermischt und mit einem halben Eyrdotter und 2 Eßlöffel voll saurem Schmetten der taig angemacht, er darf nur so fein mit den Händen berührt werden, als nöthig ist, ihn zu vermengen, der Teig wird nun behutsam ausgewalkt, in Blättern geschnitten, mit aufgeklopften Eyer Klar bestrichen, und in einen nicht zu heißen Ofen gebacken, wenn

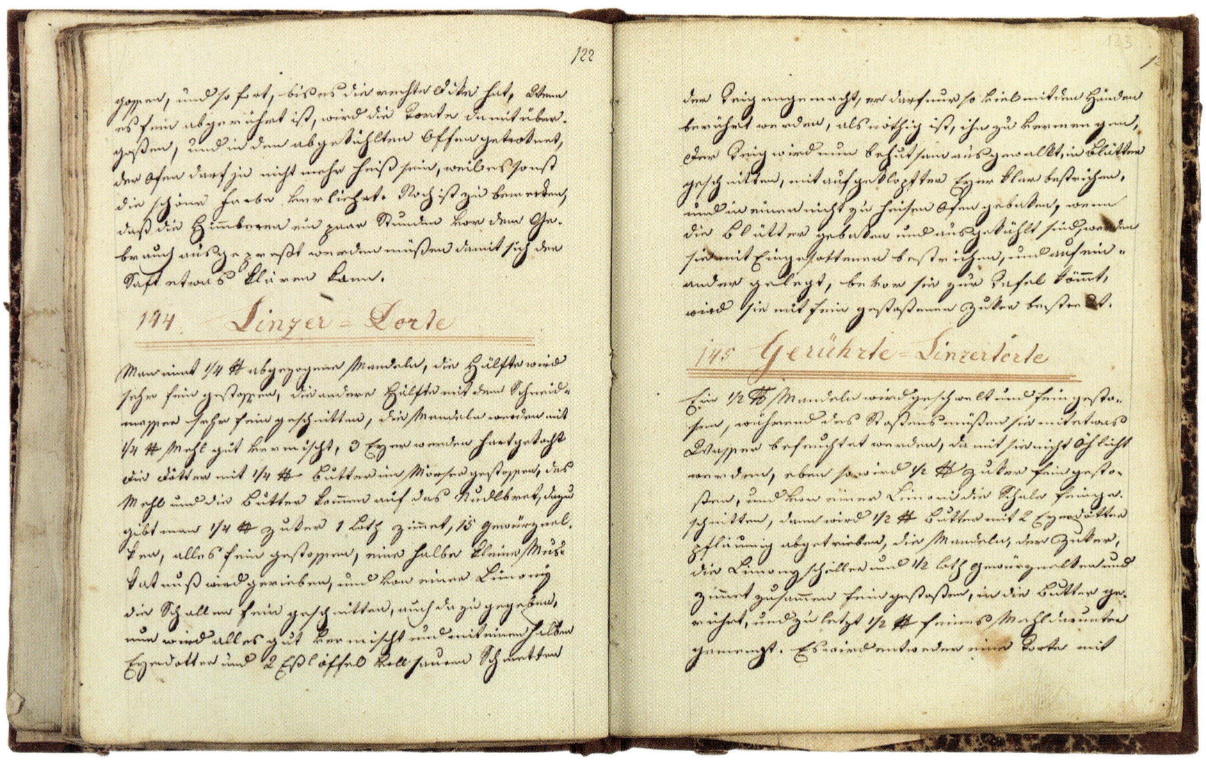
122

144 Linzer-Dorte

145 Gerührte-Linzertorte

MS 153, S. 122/123 Originalschriftbild

die Blätter gebaken und ausgekühlt sind, werden
sie mit Eingesottenem bestrichen, und auf ein
ander gelegt, bevor sie zur Tafel kömmt,
wird sie mit fein gestoßenen Zuker bestreut.

Man nimmt 140 g abgezogene Mandeln, die Hälfte
wird sehr fein gestoßen, die andere Hälfte mit dem
Schneidemesser sehr fein geschnitten.
Die Mandeln werden mit 140 g Mehl gut vermischt.
3 Eier werden hart gekocht, die Dotter mit
140 g Butter im Mörser gestoßen.
Das Mehl und die Butter kommen auf das Nudelbrett,
dazu gibt man 140 g Zucker,
17,5 g Zimt (= 1 schwacher Teelöffel),
15 Gewürznelken (= 1/2 Teelöffel) – alles fein gestoßen,
ein halbe Muskatnuss gerieben,
von einer Zitrone die Schalen fein geschnitten.
Das alles gut verarbeiten und mit einem halben Eidotter
und 2 Esslöffel saurem Rahm den Teig anmachen.
Er darf nur so fein mit den Händen berührt werden,
als nötig ist, ihn zu vermengen. Der Teig wird nun
behutsam ausgewalkt, in Blätter geschnitten, mit
aufgeklopftem Eiklar bestrichen und im nicht
zu heißen Ofen gebacken. Wenn die Blätter ausgekühlt
sind, werden sie mit Eingemachtem bestrichen,
und aufeinander gelegt. Bevor die Torte auf die Tafel kommt,
wird sie mit Staubzucker bestreut.

MS 153
S. 122

Anm.: 3 Blätter formen, diese bei 170° 25 Minuten backen. Das Ergebnis ist eine sehr gute, würzige Torte!

Gerührte Linzertorte

Ein $^{1}/_{2}$ lb Mandeln wird geschwelt und fein gestoß sen, während des Stoßens müssen sie mit etwas Wasser befeuchtet werden, damit sie nicht öhlicht werden, eben so wird $^{1}/_{2}$ lb Zucker fein gestos sen, und von einer Lemoni die Schale feinge schnitten, dann wird $^{1}/_{2}$ lb Butter mit 2 Eyerdöttern gflaumig abgetrieben, die Mandeln, der Zuker, die Limonyschallen und $^{1}/_{2}$ loth Gewürznelken und Zimmt zusammen fein gestoßen, in die Buther gerührt, und zuletzt $^{1}/_{2}$ lb feines Mehl darunter gemengt Es wird entweder eine Torte mit Stengeln geflochten, oder 3 gleiche Bletter davon gemacht, welche mit Eyerklar bestrichen, mit Zuker bestreut, und schön gebaken werden, wenn sie dann überkühlt sind, wird jedes Blatt mit einen anderen Eingesottenen gefüllt, aufeinander ge legt, und mitander mit fein gefärbten Vanilie zuker dick bestreut, oder mit einem Pomeranzen Eiß überzogen, Man rührt 8 Loth fein gestoßenen und gefärbten Zucker auf elcher eine halbe Pome ranzen abgerieben wird, mit einem Eyerklar bis es so dick ist wie ein dickes Kindkoch, dan drükt man etwas Pomeranzensaft darunter und bestreicht die Torte messerrückendick damit, und läßt sie in Ofen trocknen, so kann man das Eis mit …saft auch noch färben, wozu man einige Tropfen Limonisaft nimmt.

280 g Mandeln werden geschwellt, geschält und gerieben. Von einer Zitrone die Schale wird fein geschnitten. 280 g Butter wird mit 2 Eidottern flaumig abgetrieben. Die Mandeln und 280 g Staubzucker, die Zitronenschalen und 2 g Gewürznelken- und 3 g Zimtpulver werden in die Butter gerührt, zuletzt kommt 280 g glattes Mehl darunter.
Es wird entweder eine Torte mit Gitter geflochten oder es werden 3 gleiche Teigblätter gemacht, welche mit Eiklar bestrichen, mit Zucker bestreut und schön gebacken werden. Wenn sie dann überkühlt sind, wird jedes Blatt mit anderem Eingemachtem gefüllt, aufeinander gelegt und mit fein gefärbtem Vanillezucker dick bestreut oder mit einem Orangen-Eis überzogen:

Man rührt 140 g Staubzucker, über dem eine halbe Orange abgerieben wurde mit einem Eiklar so lange, bis es ganz dick ist. Dann drückt man Orangensaft darunter und bestreicht die Torte messerrückendick damit und lässt sie im [lauen] Ofen trocknen.

MS 153
S. 123

Anm.: Dieses Rezept ergibt eine üppig-sinnliche „Linzer Torte“, die zu den besten dieser Sammlung gehört. Sie wurde mit den vorgeschlagenen drei Blättern nachgebacken (bei Heißluft 160°, 35 Minuten). Als Fülle wurden Ribisel-, Marillen- und Weichselmarmelade verwendet, wobei die Weichseln auf das oberste Blatt gestrichen wurden. Das Orangen-Eis mit seinem fein-herben Geschmack harmoniert vorzüglich mit Eingemachtem und Gewürzen. Nach ein bis zwei Tagen Lagerzeit ist die Torte gut durchgezogen und ein geschmackliches Gesamtkunstwerk geworden.

Zuckerrohr. Kupferstich aus: Icones Plantarum medico-oeconomico-technologicarum. Abbildungen aller medizinisch-ökonomisch-technologischen Gewächse / Ferd. Bern. Vietz. Vol. 2. Wien, Eder 1800

Tortletten von weißen Linzerteig

Ein halbes lb Butter wird gflaumig abgetrieben, 5 Loth
fein gestossener Zucker, auf welchen das Gelbe von einer Lim
onie abgerieben wird, und 20 Loth Mehl werden unter
den Butter gearbeitet. Man gibt den Teig auf ein
Bret, und walkt ihn stark Messerrückendick aus, sticht
den Teig mit einen kleinen Krapfenstecher aus, füllt
die Hälfte davon mt einem Eingesottenen, sticht die
andere Hälfte der Blätter mit einem kleinen …
…ausstecher in der Mitte aus, bestreicht die ge-
füllten Blätter und den Rand mit etwas Eierklar, und
gibt die ausgestochenen darauf, bestreicht sie mit
abgeschlagenen Eiern, und bäckt sie schön.

280 g Butter wird flaumig abgetrieben,
90 g Staubzucker, auf welchem das Gelbe einer Zitrone
abgerieben wurde und
350 g Mehl werden unter die Butter gearbeitet.
Man gibt den Teig auf ein Brett, walkt ihn stark
messerrückendick aus, sticht den Teig mit einem kleinen
Krapfenausstecher aus, füllt die Hälfte davon mit
Eingemachtem, sticht aus der anderen Hälfte in der Mitte
„Augen", bestreicht die gefüllten Blätter am Rand mit
etwas Eiklar und gibt die ausgestochenen darauf, bestreicht
sie mit verklopftem Ei und bäckt sie schön.

MS 153
S. 164

Anm.: Der Teig ist gut zu verarbeiten. Die Torteletten (ähnlich den „Linzer Augen") sind – goldgelb gebacken (170°, 20 Min.) – eine Augenweide. Dazu kommt der butterige Geschmack. Insgesamt köstlich!

Linzer Kirschen=Kuchen

Man treibe 8 Loth Butter mit 8 Eyerdötter
durch 3/4 Stunden recht gflaumig ab, 8 Loth ge=
schwellte Mandeln 8 Loth Zucker, beydes
sehr fein gestoßen, von einer Limonie die fein ge=
schnittene Schale, 6 Loth Semmelbröseln, etwas
gestossener Zimet und Gewürznelken, und den
fest geschlagenen Schnee von 8 Eyerklar werden
in die Butter verrührt, aber nicht mehr ab=
getrieben, wen alles gut vermengt ist, gibt
man zuletzt 1 lb Kirschen darunter, bestreicht
ein Kaßrol gut mit Butter, bestreut es mit
klein geschnittenen Mandeln, füllt den Teig
hinein, und bäckt ihn schön.

Man treibe 140 g Butter mit 8 Eidottern recht flaumig ab.
140 g geschwellte, geriebene Mandeln,
140 g Staubzucker,
die fein geschnittene Schale einer Zitrone,
105 g Semmelbrösel,
etwas Zimt- und Nelkenpulver und
der fest geschlagene Schnee von 8 Eiklar
werden in die Butter gerührt, aber nicht mehr abgetrieben.
Wenn alles gut vermengt ist, gibt man zuletzt
560 g Kirschen darunter.
Eine runde Form gut mit Butter bestreichen und mit
klein geschnittenen Mandeln bestreuen, den Teig
einfüllen und schön backen.

MS 153
S. 43

Anm.: Dieser Kuchen wird in der Tortenform gebacken (190°, 70 Min.) Das Ergebnis ist sehr geschmackvoll und saftig, nicht zu süß. Wer mag, kann von vornherein die Zuckerangabe etwas erhöhen.

Kochbuch. 1. Hälfte 19. Jh. MS 153

Papier; Halbleinenband, mit gesprenkeltem Papier überzogen
214 S., 13 Bl.; 25,5 x 19 cm; Geschenk Haberknap Wien, 1940
mit Rezeptzetteln (für Küche und Hausmittel)
Die fünf Rezepte für „Linzer Torte" in diesem wohlgefüllten Kochbuch sind alle von lebhaftem Geschmack. Die Köchin dürfte auf Mehlspeisen spezialisiert gewesen sein, weil auch die anderen Rezepte sehr verlockend zu lesen sind.

Ein Linzer Dorten mit Zimmet!

Bereitte 3/4 lb Butter in einen Weidling, diesen treibe wohl ab, rühre darein 9 EyerDötter, einen nach andern, nim 1/2 lb kleingestossene Mandle. und wohl abgerührt 1/2 lb gefätten Zucker 2 Loth ge… Zim met ein ganze Stund gerührt, hernach wäge 3/4 lb Mundmehl darein ge schittet, daß es wohl untereinander komt, nim ein flaches Dortenblätl streich den Boden halben Messerrücken dick auf, nim eingesodene Ri wisel… Von andern Teig mache ein abgeradeltes Gütter oder Stingl bache es langsam, ein Eis darauf, du kannst auch Lemoni oder Pommeranschen Schöllerl der Dorten den geschmag Geben.

420 g Butter in einem Weitling flaumig rühren,
9 Eidotter einzeln einrühren,
280 g geriebene Mandeln,
280 g Zucker,
35 g Zimt gut abtreiben.
Danach 420 g Mehl einarbeiten.
In die Tortenform einen Teil des Teiges streichen,
mit Ribiseln füllen, ein Teiggitter bereiten und aufbringen.
Man kann auch mit Zitronen- oder Orangenschalen der Torte Geschmack geben!

MS 156
Bl. 93, No 469

Anm.: Es ergibt auch die halbe Masse eine gute Torte. Bei 170° 50 Minuten backen. Die Torte unbedingt 2–3 Tage ziehen lassen.

Linzer Kochbuch mit Kochregeln für Fleisch und Fastage (!) 1830
Anna Dinstel **MS 156**

Papier, Pappband mit rotem Marmorpapierüberzug, Namensschild auf dem Vorderdeckel
140 Bl.; 24,6 x 20 cm; Ankauf Noppinger, Salzburg 1942

Ringel {oder Torte} von Linzerteig

Nimm 1/4 lb Butter 1/4 lb Mehl walke den Butter und das
Mehl gut ein dann 1/4 lb feingestossene Mandeln 2 harte
Eyer Dötter Lemonyschallen, Gewürz und 2 Eyerdötter
zur machen Ringl oder Torte was du willst, auf die Ringeln kannst
auch Mandeln streuen fertig.

Nimm 140 g Butter,
140 g Mehl und verknete beides.
Dann 140 g geriebene Mandeln,
[140 g Zucker],
2 hartgekochte Eidotter,
Zitronenschale, *Gewürz und
2 Eidotter einarbeiten.

Ringel oder eine Torte machen, was du willst.
Auf die Ringel kann man auch Mandeln streuen, fertig.

MS 160
fol. 12 v, Rez. 42

Anm.: Bei diesem Rezept fehlt die Zuckerangabe, es wurden 140 g davon zugesetzt. Als *Gewürz wurden Zimt, Nelken und Muskatblüte in Pulverform (jeweils 1/2 Teelöffel) verwendet. Der Teig ist einfach zu verarbeiten. Backen bei 170°, 15 Min.
Dieses Rezept eignet sich (auch) hervorragend als würziges Weihnachtsgebäck! Als Ringe oder rund ausgestochen, mit gehackten oder geschnittenen Mandeln bestreut, schmeckt es nicht nur gut, sondern sieht auch dekorativ aus.

Kochbuch. Maria Reich, Köchin 1. Hälfte 19. Jh. MS 160

Papier, geheftet in Papierumschlag
26 Bl.; 24 x 18,5 cm; Geschenk Justus Schmidt 1940

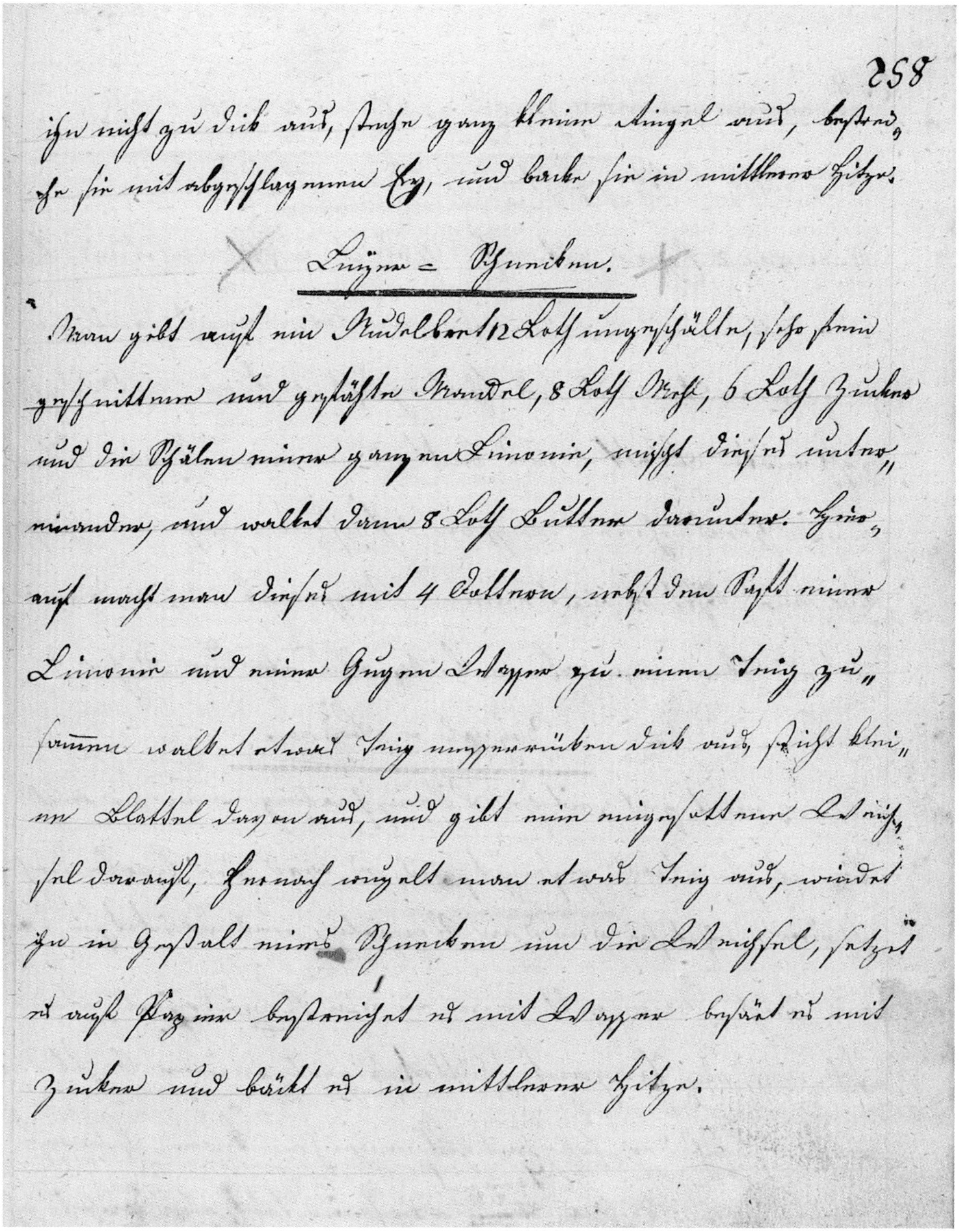
258
ihr nicht zu dick an, steche ganz kleine Kugeln aus, bestrei-
che sie mit abgeschlagenem Ey, und backe sie in mittlerer Hitze.

Linzer = Schnitten.

Man gibt auf ein Nudelbrett 12 Loth ungeschälte, sehr fein
geschnittene und gestoßene Mandel, 8 Loth Mehl, 6 Loth Zucker
und die Schalen einer ganzen Limonie, mischt dieses unter-
einander, und walkt dann 8 Loth Butter darunter. Hier-
auf macht man dieses mit 4 Dottern, nebst dem Saft einer
Limonie und einem guten Löffel zu einem Teig zu-
sammen walkt etwas Teig messerrücken dick aus, sticht klei-
ne Blattel davon aus, und gibt eine eingesottene Ribiß-
sel darauf, hernach walgt man etwas Teig aus, radelt
ihn in Gestalt eines Schnitten um die Ribißel, setzt
es auf Papier bestreicht es mit Eyern bestreut es mit
Zucker und bäckt es in mittlerer Hitze.

MS 214 Originalschriftbild

Linzer=Schniten

Man gibt auf ein Nudelbret 12 Loth ungeschälte, sehr fein geschnittene und gefähte Mandel, 8 Loth Mehl, 6 Loth Zucker und die Schälen einer ganzen Limoni, mischt dieses unter einander, und walkt dann 8 Loth Butter darunter. Hier auf macht man dieses mit 4 Dottern, mengt den Saft einer Limoni und einer *Gugen Wasser zu einem Teig zu sammen, walkt etwas teig messerrückendick aus, sticht klei ne Blattel davon aus, und gibt ein eingesottene Weich sel darauf, hernach wuzelt man etwas teig aus, windet ihn in Gestalt eines Schnecken um die Weichsel, setzt es auf Papier bestreicht es mit Wasser besäet es mit Zucker und bäckt es in mittlerer Hitze

Man gibt auf ein Nudelbrett
210 g ungeschälte, geriebene Mandeln,
140 g Mehl, 105 g Zucker und die Schalen
einer ganzen Zitrone und vermischt dieses untereinander.
Dann walkt man 140 g Butter darunter, danach 4 Dotter,
den Saft einer Zitrone und eine halbe Eierschale voll Wasser.
Den Teig messerrückendick auswalken, kleine Blätter ausstechen,
eingemachte Weichseln aufstreichen, dann den restlichen Teig
ausrollen und ihn in Gestalt einer Schnecke um die Weichsel
winden. Auf Papier setzen, mit Wasser bestreichen, mit
Zucker bestreuen und bei mittlerer Hitze backen.

MS 214
S. 258

Anm.: *Guge = altes Hohlmaß = eine halbe Eierschale voll; hier liegt der seltene Fall vor, dass das Eingemachte genau benannt ist: Weichseln werden verlangt. Bei diesem Gebäck werden die Teigschlangen schneckenförmig (spiralig) aufgebracht, was das Backwerk neben seinem mild-würzigen Geschmack sehr attraktiv macht! Es wirkt in Tortenform oder in einer viereckigen Pfanne (Schnitten schneiden) gebacken gut. Bei 170° 55 Min. backen.

Koch=Buch für Antonia Paumfried, 1. Hälfte 19. Jh. MS 214

Papier; Pappband; 1 Bl., 603 S.; 20,5 x 17 cm; mit Register
Ankauf Marianne Koreska, Linz 1954

Antonia Paumfried war lt. Angabe der Verkäuferin die Schwester des Konstantin Paumfried, seinerzeit Pfleger in Baumgartenberg, Waldhausen und Windhaag.
Das Kochbuch enthält neben Rezepten auch „Speis Zettel“ und eine „Büffetordnung“ (S. 556)

Linzer Torten mit Schokolad

Man nimt 1 halb lb Butter 20 Loth Mehl 1/2 lb Zucker, 6 Dotter
hart gesotten und durch ein Sieb geschlagen 1/2 lb fein
gestossene Mandl 3 Zelten geriebene Schokolad das alles
mit 2 Eyer Dötter unter einander gearbeitet schmir
ein Blatl samt streif mit Butter streich es darauf gib
Eingesottenes und mache Stangl darüber und den streif herum

Man nimmt 280 g Butter,
350 g Mehl,
280 g Zucker,
6 Dotter hart gekocht und fein zerdrückt,
280 g geriebene Mandeln,
3 *Zelten geriebene Schokolade.
Das alles mit 2 Eidottern miteinander verarbeiten.
Eine Tortenform befetten, Teig einfüllen,
Eingemachtes aufstreichen, Gitter darüber formen.

MS 216
fol. 44 r, Rez. 42

Anm.: *welchem Maß ein „Zelten" entspricht, konnte nicht eruiert werden, es wurde mit 100 g Schokolade probiert, das Ergebnis war zufriedenstellend. Der Teig wird zwar fest, lässt sich aber gut verarbeiten. Bei 175° 55 Min. backen. Etwas mehr Eingemachtes aufbringen und unbedingt zwei Tage ziehen lassen. Das Geschmacksergebnis ist durchaus interessant und wird mit jedem Tag besser.

Feine Linzer Torten ohne Mandl

Man nimt 1/2 lb Butter in ein Weidling treib ihn recht gflaumig ab dann 3 Eyer dötter werden gut verrührt hernach 1/2 Vierting gestossenen Zucker von einer Lemoni die Schallen klein geschnitten gib es hinein ein wenig Zimmt gut verrührt hernach 1/2 lb Mundmehl auch gut verrührt die Hälfte Teig streicht man auf das Blatl gib Eingesottenes darüber hernach streicht man die andere Hälfte darauf und setzt es in den Ofen man gibt es warm zur Tafel.

Man nimmt 280 g Butter und treibt sie in einem Weitling recht flaumig ab.
Dann 3 Eidotter einrühren, 70 g Staubzucker, Schale einer Zitrone recht klein geschnitten und ein wenig Zimt.
Danach 280 g Mehl auch gut einrühren.
Die Hälfte des Teiges streicht man in die Tortenform, gibt Eingemachtes darauf, dann streicht man die andere Hälfte darüber und setzt es in den Ofen.
*Warm zur Tafel geben.

MS 216
fol. 61 r, Rez. 147

Anm.: *eine Linzer Torte, die warm „zur Tafel“ gegeben wird, ist ungewöhnlich, aber vorstellbar. Diese Torte ist geschmacklich gut und mürb, sie schaut mit einem Gitter jedoch lieblicher aus als mit dem nur aufgestrichenen Teig. Bei 175° 50–60 Min. backen und ziehen lassen.

Kochbuch der Therese Wagner, 19. Jh. MS 216

Papier, Halbleinenband mit marmoriertem Papier überzogen

103 Bl.; 22 x 18 cm; verschiedene Hände; Geschenk Marianne Röttinger, Wien I. 1953

Therese Wagner (nachmals von Inngau), geb. Kreuzroither, Gattin des Handelsgerichtspräsidenten, war 1815 in Aistersheim geboren.

Dieses Kochbuch enthält die meisten verschiedenen „Linzer Torte“- Rezepte, nämlich sechs. Darunter ist das einzige mit Schokolade.

Eine gute Linzerdorte

Man nimt 1 libra geschelte Mandeln, stosset sie mit
zwey Esslöfel Wein anisum ganz fein, auch 8 Stük
hart gesottene eijerdotter fein gestossen rührt 1 lb
butter … 6 eyerdotter … das pfund mandl, 1 lb
gefähten Zucker und 1 lb feines Mundmehl,
treibt alles gut ab, die Scheln von zwei lemoni
fein geschnitten, 1 Loth fein gestossene kandierte
Orangenblüthe und etwas fein gestossenen Kaneel…
fingerdick ausgetrieben, treibt 3 solcher blät-
ter aus, so groß als die dorte werden soll,
gleich dick und gleich rund, legt alle 3 auf
ein Papir und zackt sie schön, wenn sie
gebacken sind, so legt man sie
auf ein Brett u. gleicht sie alle mit einem
Messer in der Rundung aus, weil sie
noch warm sind, dann überschmirt man
den ersten mit Ribisl, den 2ten mit Ma-
rillensulz, den 3ten mit Weichselsulz
dan alle 3 auf ein ander gelegt, mit Eys ganz über
zogen, auch auf der Seite, mit geschnittenen Pis-
tazien und Zitronat gut besprent dann in
Ofen trocknen lassen. Das Eyß muss
ganz steif und dick gerührt werden. Beson
ders muß es auswendig so gut über-
zogen werden, daß man nicht er…blicken
kann, daß 3 Blätter aufeinan
der gelegt sind. Man kann auch diese
*sonst wie ein ander Linzerdorte machen,
den Teig fingerdick auseinander trei
ben, dann mit gesodenen früechten be-
legt, darüber ein schönes Gitter ge-
flochten, oder den Teig in einer
Spritze mit einem Stern darauf
spritzen, macht Ringel, Gränzel …
bach es schön langsam …

Man nimmt 560 g geschälte Mandeln und stoßt sie mit
2 Eßlöffeln Wein anisum ganz fein,
auch 8 Stück hart gekochte Eidotter, fein gestoßen;
Man rührt 560 g Butter und
6 Eidotter nacheinander gut ab,
fügt die Mandeln,

560 g Staubzucker und
560 g glattes Mehl bei und treibt alles gut ab
Die Schale von zwei Zitronen fein geschnitten,
17,5 g fein gestoßene, kandierte Orangenblüte,
und etwas fein gestoßenen Zimt einarbeiten.
Den Teig finderdick auswalken, 3 Blätter ausstechen,
die in die Tortenform passen (oder in beliebiger Größe
auf ein Papier legen, die Ränder auszacken).
Wenn sie gebacken sind, legt man sie auf ein Brett und
gleicht mit einem Messer die Rundung aus, solang sie
noch warm sind. Auf den ersten Boden streicht man
Ribiselmarmelade, auf den zweiten Marillenmarmelade,
auf den dritten Weichselmarmelade. Dann setzt man sie
aufeinander und überzieht die ganze Torte mit Eis, auch
die Seiten. Mit geschnittenen Pistazien und Zitronat
gut bestreuen und im Ofen trocknen lassen.
Das Eis soll steif und dick sein und so gut aufgetragen,
dass man nicht erkennen kann, dass die Torte aus
3 verschiedenen Blättern besteht.

Man kann auch diese Torte wie jede andere Linzer Torte
machen: Teig auswalken, mit gesottenen Früchten belegen
und darüber ein schönes Gitter flechten oder mit der Spritze
Ringel, Kränzel .... aufspritzen und langsam backen.

MS 224
fol. 29 r

Anm.: dieses Rezept kann auf zwei Arten gemacht werden: eine üppig-barocke aus drei Teigblättern, jedes anders gefüllt, dick mit Eis überzogen und mit kandierten Früchten und Pistazien bestreut. Oder *„sonst wie ein ander Linzerdorte“ – mit Eingemachtem und Gitter. Der „Wein anisum“ und kandierte Orangenblüten konnten nicht aufgetrieben werden. Als Ersatz wurde Orangenschale beigefügt. Die Version mit den drei Blättern ergibt trotz halbierter Mengen eine große Torte. Die Blätter 30 Min. bei 170° goldgelb backen. Als Eis wurde jenes nach Rezept 153 (Orangeneis) aufgebracht. Bereits nach einem Tag Lagerzeit entfaltet dieses Gebäck seinen köstlichen Duft. Schon die Backanleitung und die Rezeptur sind bildreich-sinnlich – die fertige Torte ist es auch!

Lamplisches Kochbuch. 1. Hälfte 19. Jh. MS 224

Papier, geheftet; 32 Bl.; 22 x 17 cm
Geschenk A. Dworak, Linz 1944

Das Kochbuch enthält außer zwei Rezepten für die „Linzer Torte“ auch noch eines für „Linzer Golatschen“ (Fol. 7 r)

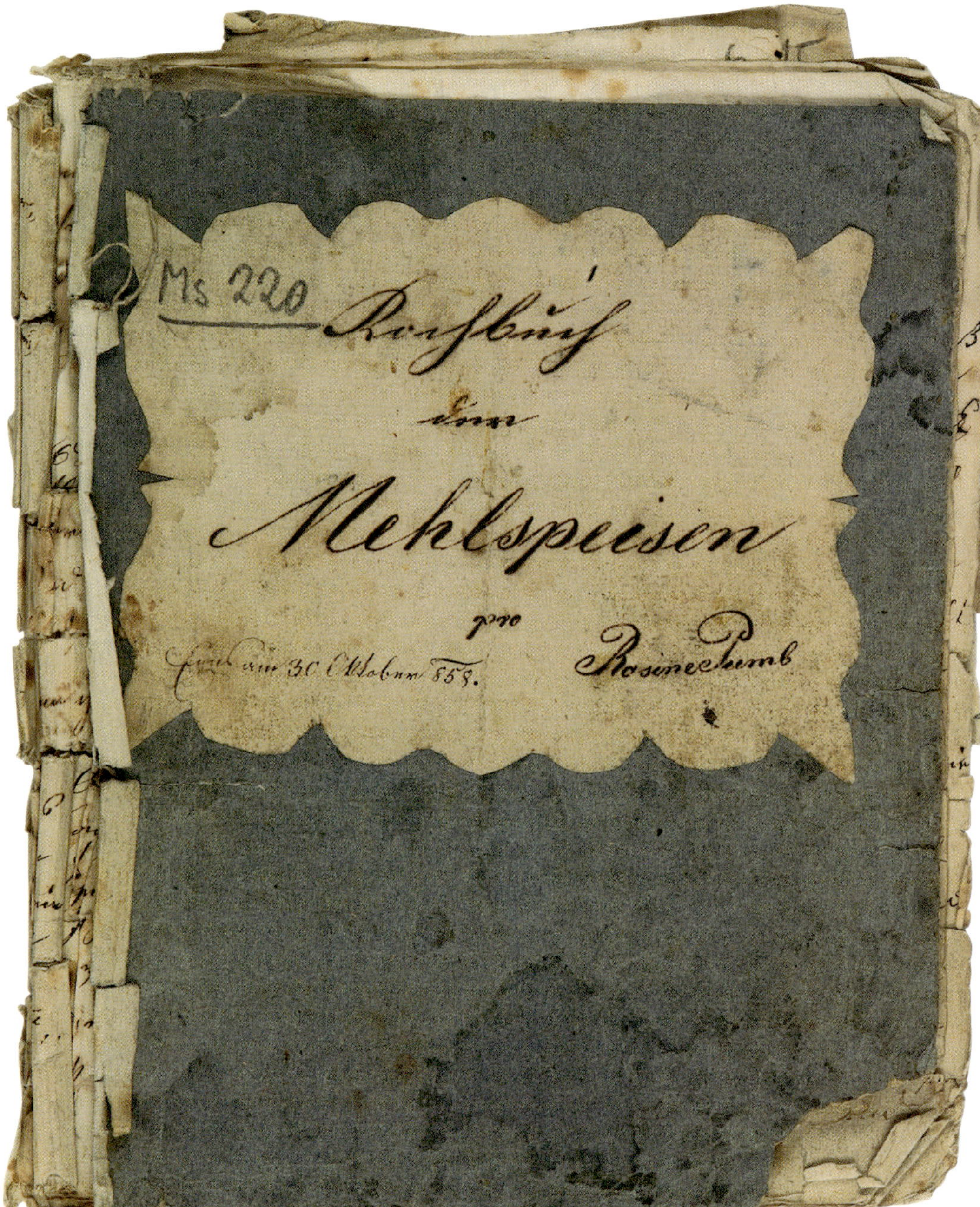

MS 220 Umschlag des stark benützten Manuskripts

Linzer Torte Marbe

1 lb Butter 5/4 lb Mehl auf das Nudelbret
geben die Butter darunter breseln 3/4
lb feinen Zucker u. mit 4 Döttern zusammen
machen, aber ja nicht den teig abknetten
das Blatl füllen mit den Teig, dann Ein
gesottenes darauf geben u. ein Gitter
darüber machen

560 g Butter,
700 g Mehl auf das Nudelbrett geben und miteinander verbröseln.
420 g Staubzucker und 4 Eidotter vorsichtig einarbeiten,
aber ja nicht kneten.
Die Tortenform mit dem Teig füllen, Eingesottenes darauf geben
und ein Gitter darüber machen

MS 220
fol. 22 v

Anm.: Das Rezept ergibt einen feinen Teig, der gut zu verarbeiten ist. Das fertige Gebäck (55 Minuten bei 170° ins Rohr) ist zart-duftend und mürb und wird mit jedem Tag besser.

Kochbuch der Mehlspeisen pro Rosine Pumb, Enns am 30. Oktober {1}858
1858 **MS 220**

Papier; geheftet mit blauem Kartonumschlag mit aufgeklebtem Titelschildchen
22 Bl.; 21 x 17 cm; Geschenk Berta Winkler Linz, 1948

Rosine Pumb gehörte der angesehenen Ennser Bügerfamilie an, die hier das Lebzelter- und Wachsziehergewerbe ausübte und den letzten Stadtrichter (1782 bis 1785) der k. k. landesfürstlichen Stadt Enns stellte. Rosine Pumb, verehelichte Hassack, Kaufmannsgattin in Linz, Waltherstraße, war die Mutter der Spenderin Bertha, verehel. Winkler.

Rosine Pumb hat getrennt ihre Rezepte für Fleischspeisen aufgeschrieben, auch dieses Kochbuch liegt vor: Kochbuch der Fleischspeisen pro Rosine Pumb, Enns 1850 MS 219.

In der Sammlung der Museumsbibliothek befindet sich auch das Kochbuch der Mutter Rosine Pumbs, einer Franziska Pirkmayr, Brauerstochter aus Waidhofen a. d. Ybbs, später verehelichte Pumb, Wachsziehersgattin in Enns (MS 168).

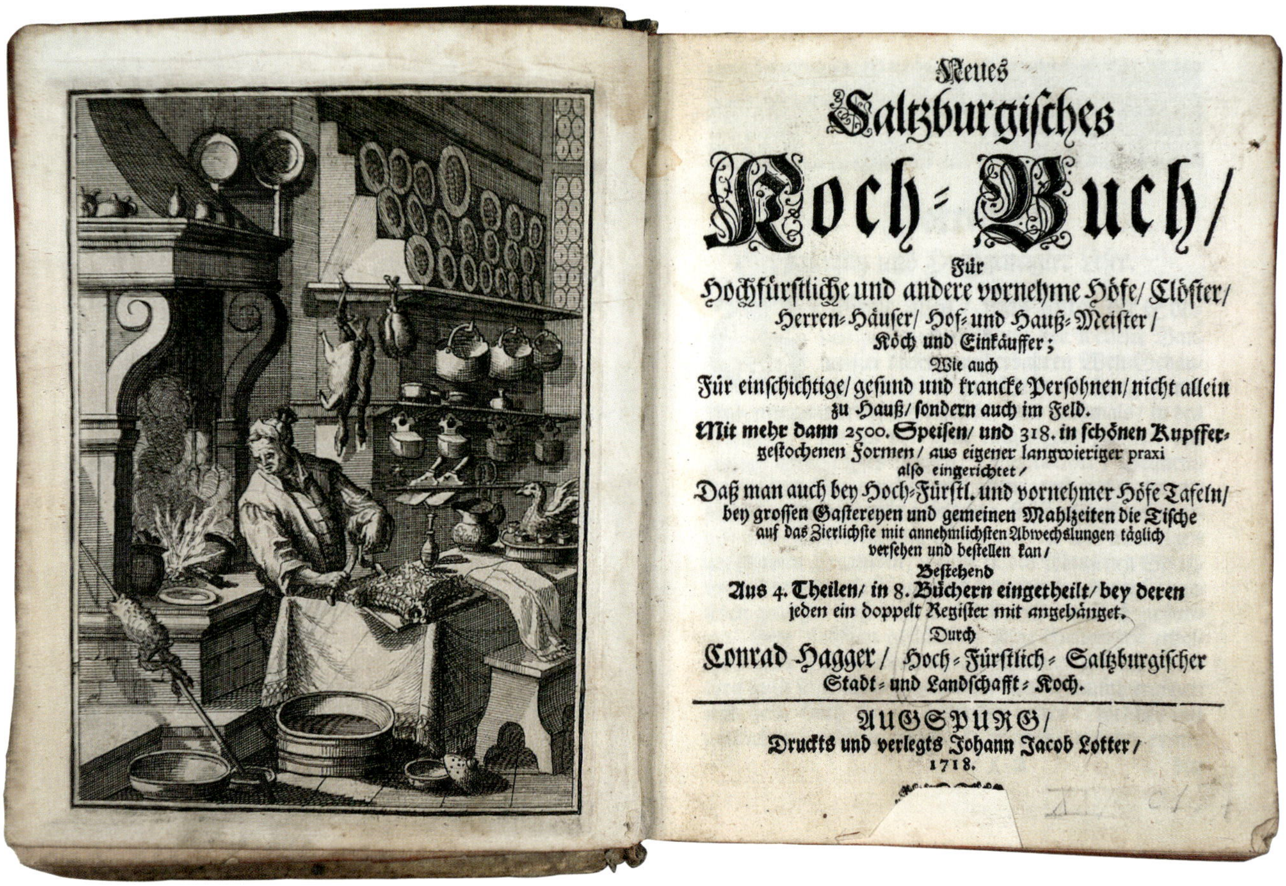

Conrad Hagger: Neues Saltzburgisches Koch-Buch 1718

REZEPTE AUS DEN ÄLTESTEN, GEDRUCKTEN KOCHBÜCHERN DER BIBLIOTHEK

Die Museumsbibliothek verfügt über einige sehr interessante frühe Ausgaben von gedruckten Kochbüchern. Zur Abrundung der vorliegenden Rezeptsammlung sollen auch einige der ersten gedruckten Backanweisungen für die „Linzer Torte" aufgenommen werden.

Conrad Hagger: Neues Saltzburgisches Koch-Buch ***I-4578***

Für Hochfürstliche und andere vornehme Höfe, Clöster, Herren-Häuser, Hof-und Hauß-Meister, Köch und Einkäuffer ...; Mit mehr dann 2500. Speisen und 318. in schönen Kupffer gestochenen Formen. Augspurg, Lotter 1718

Der „Hagger" ist ein sehr eindrucksvolles Kochbuch, allein von den Außenmaßen her: er ist mit 12 cm so dick, dass man ihn kaum aufschlagen kann. Er enthält *„mehr als 2500 Speisen, aus eigener langwieriger praxi also eingerichtet, dass man auch bey Hoch-Fürstl. Und vornehmer Höfe Tafeln, bey großen Gastereyen und gemeinen Mahlzeiten die Tische auf das Zierlichste mit annehmlichen Abwechslungen täglich versehen und bestellen kann"*.

Dieses wertvolle, seltene Kochbuch enthält neben den prächtigen Kupferstichen mit Vorschlägen zur Pasteten- und Tortenverzierung noch die „Bücher" mit *„Allerhand Fleisch-Suppen", „Fasten-Suppen", „Allerhand Pasteten und was dazu gehörig",„Allerley Dorten", „Allerhand Fleisch-Speisen", „Geflügel-Speisen", „Fisch-Speisen", „Allerhand Meel-Speisen"*. Das Werk ist inhaltlich bestens durch Register erschlossen, jedes Rezept ist nummeriert. Hierin finden sich auch die erste gedruckte Version des „Linzer Taiges" und mehrere Stiche mit kunstvollen Tortengittern.

Hagger bezeichnet sein Werk selber als *„rares, kostbares und mühsames Koch-Buch"*.

Es handelt sich in der Tat um eine Rarität, in dem das Nachlesen zwar suchtechnisch etwas kompliziert ist, das aber vom Inhalt her großes Lesevergnügen bereitet.

In diesem Kochbuch scheint in der Abteilung „Von allerhand Dorten" auf Seite 29 das Rezept No. 10 auf, das folgendermaßen lautet:

„Der gute und suesse Lintzer-Taig / zu den Schues= sel-Dorten / und dergleichen Schmarren.

Nimm 5. Viertel Pf. schoenes weisses Meel/ 3. Viertel Pf. Butter / 1. halb Pf. gefaehten Zucker / mit ein Wenig Saltz / auch von 2. Lemoni die klein-geriebene Schelffen / sammt dem Safft / auch 10. biß 12. Eyerdotter / Und 1. Viertel Pf. gestossene oder geriebene Mandeln / mit ein Wenig frisch Wasser / oder sauren Ram / schoen trucken ange= macht so ist er fertig.

Aus disem Taig macht man allerhand geflochtene und andere Schuessel-Dorten / mit einer jederzeit selbst-beliebigen

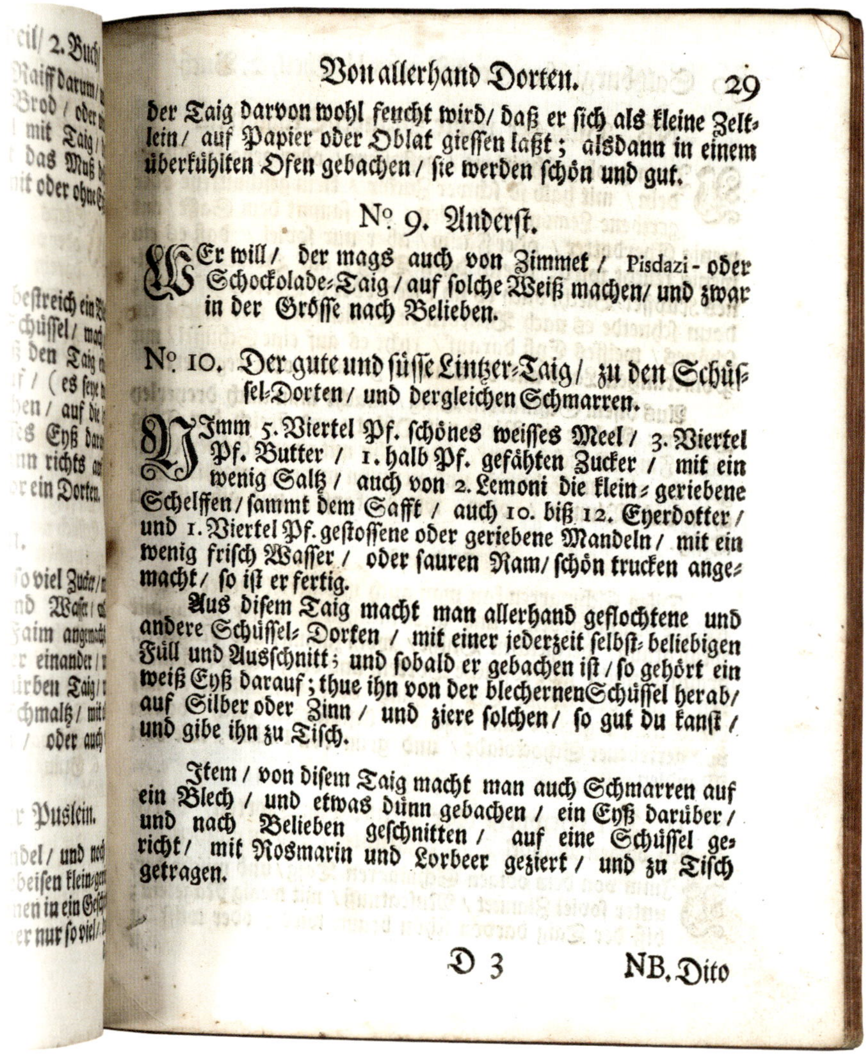
Von allerhand Dorten. 29

der Taig darvon wohl feucht wird/ daß er sich als kleine Zeltlein/ auf Papier oder Oblat giessen laßt; alsdann in einem überkühlten Ofen gebachen/ sie werden schön und gut.

N° 9. Anderst.

Wer will/ der mags auch von Zimmet/ Pisdazi-oder Schockolade-Taig/ auf solche Weiß machen/ und zwar in der Grösse nach Belieben.

N° 10. Der gute und süsse Lintzer-Taig/ zu den Schüssel-Dorten/ und dergleichen Schmarren.

Nimm 5. Viertel Pf. schönes weisses Meel/ 3. Viertel Pf. Butter/ 1. halb Pf. gefähten Zucker/ mit ein wenig Saltz/ auch von 2. Lemoni die klein-geriebene Schelffen/ sammt dem Safft/ auch 10. biß 12. Eyerdotter/ und 1. Viertel Pf. gestossene oder geriebene Mandeln/ mit ein wenig frisch Wasser/ oder sauren Ram/ schön trucken angemacht/ so ist er fertig.

Aus disem Taig macht man allerhand geflochtene und andere Schüssel-Dorten/ mit einer jederzeit selbst-beliebigen Füll und Ausschnitt; und sobald er gebachen ist/ so gehört ein weiß Eyß darauf; thue ihn von der blechernen Schüssel herab/ auf Silber oder Zinn/ und ziere solchen/ so gut du kanst/ und gibe ihn zu Tisch.

Item/ von disem Taig macht man auch Schmarren auf ein Blech/ und etwas dünn gebachen/ ein Eyß darüber/ und nach Belieben geschnitten/ auf eine Schüssel gericht/ mit Rosmarin und Lorbeer geziert/ und zu Tisch getragen.

D 3 NB. Dito

Hagger: Neues Saltzburgisches Koch-Buch 1718. Originalseite „Lintzer-Taig“

Fuell und Ausschnitt; und sobald er gebachen ist / so gehoert ein
weiß Eyß darauf; thue ihn von der blechernen Schuessel herab /
auf Silber oder Zinn / und ziere solchen / so gut du kanst /
und gibe ihn zu Tisch.
Item / von disem Taig macht man auch Schmarren auf
ein Blech / und etwas duenn gebachen / ein Eyß darueber /
und nach Belieben geschnitten / auf eine Schuessel ge=
richt / mit Rosmarin und Lorbeer geziert / und zu Tisch
getragen".

Nimm 700 g schönes, weißes Mehl,
420 g Butter,
280 g Staubzucker mit ein wenig Salz,
die abgeriebene Schale von 2 Zitronen und deren Saft,
10–12 Eidotter,
und 140 g gestoßene oder geriebene Mandeln.
Den Teig mit ein wenig frischem Wasser oder saurem Rahm schön trocken anmachen, so ist er fertig.
Aus diesem Teig macht man allerhand geflochtene und andere Schüssel-Torten mit beliebiger Fülle und Ausschnitt; sobald er gebacken ist, gehört ein weißes Eis darauf.Nimm ihn aus der Form und gib ihn auf Silber oder Zinn und ziere ihn so gut du kannst und gib ihn zu Tisch.

Von diesem Teig macht man auch Schmarren auf ein Blech, etwas dünn gebacken, ein Eis darüber und nach Belieben geschnitten, mit Rosmarin und Lorbeer geziert und zu Tisch getragen.

Hagger hat im oben erwähnten Kupferstichteil seines Kochbuches wahre Kunstwerke an „geflochtenen" Beispielen anzubieten. Nach diesen Abbildungen angefertigte „Ringel"- oder „Gätter"-Torten sind wirklich fürstlicher Tafeln würdig!

Conrad Hagger: Neues Saltzburgisches Koch-Buch 1718. Kupfertafeln mit kunstvollen Tortengittern

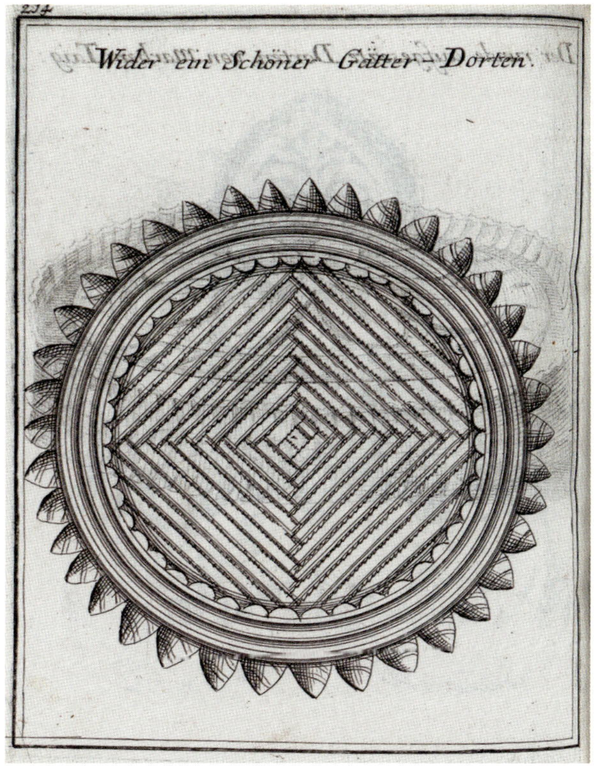

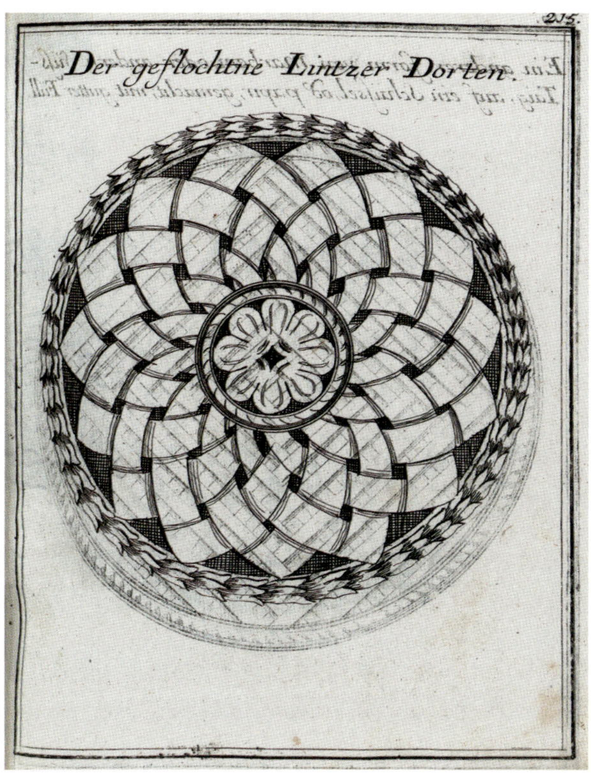

Conrad Hagger: Neues Saltzburgisches Koch-Buch 1718. Kupfertafeln mit kunstvollen Tortengittern

Nutzliches Koch=Buch, Oder: Kurtzer Unterricht / In welchem Unterschiedene Speisen Gut zu zubereiten beschriben seynd. Erstlich zu Wienn in kleinern Form gedruckt. 3. Aufl. Steyr, verlegts Johann Ferdinand Holtzmayr, 1742 ***I-15703***

Die Druckerfamilie Hol[t]zmayr war eine der ersten Buchdrucker in Steyr. Die erwähnte „kleinere Form" dieses Kochbuches ist 1736 in Wien erschienen. Die erste Auflage in Steyr verlegte 1740 bereits Johann Adam Holtzmayr seel. Wittib und Erben, die hier vorliegende 3. Auflage wohl sein Sohn.
Dieses frühe Kochbuch ist eine ausgesprochene Rarität! Es enthält auf 234 Seiten 514 Rezepte, die in einem sorgfältigen Register verzeichnet sind. Auf seinem typisch barock gestalteten Titelblatt findet man den handgeschriebenen Besitzvermerk „Maria Ottilia Köchin in Closter Gärsten angehörig".
Auf den Seiten 145 / 146 sind bereits drei Rezepte zur „Linzer Torte" verzeichnet, die wegen ihrer klaren Formulierung und Brauchbarkeit alle angeführt werden. In ihnen wird besonders gut sichtbar, welche „Abstufungen" der Würzigkeit der Linzer Torte möglich sind.

Num. 329. Lintzer=Torten

Zu einer grossen Torten nihm 3. Vierting Butter in einem Weidling, disen eine halbe Stund schön pflämig abgetriben; rühre darein ein halb Pfund klein-gestossene Mandeln, rühre es wiedergerum eine halbe Stund, nihm ein halb Pfund gefähten Zucker, ein Viertelstund gerührt. Auf die letzt bereite 3. Vierting gefähtes Mund-Mehl, von ein Lemoni die Schäler klein geschnitten, so vil gerührt, daß es wohl untereinander kommt, ein wenig gesaltzen; bereite ein flaches Torten-Blätl, bestreiche es samt den Raif mit Schmaltz, streiche den Boden auf, fülle es mit Eingemachten vom andern Teig, spritze schöne Ringel, gebachen in einer mittlern Hitz; mach ein weisses und rothes Eis von Allkärmes und Bistätzen, länglet geschnitten, und darüber gestreuet.

Für eine große Torte rühre 420 g Butter in einem Weitling schön flaumig; dazu gib 280 g geriebene Mandeln und rühre noch weiter. Nimm 280 g Staubzucker, wieder gut verrühren. Zuletzt 420 g weißes Mehl und die klein geschnittene Schale einer Zitrone so lange einarbeiten, dass alles gut vermischt ist. Ein wenig salzen.
Befette eine Tortenform, streiche einen Teigboden auf, fülle ihn mit Eingemachtem. Vom restlichen Teig spritze

schöne Ringel darauf, backe bei mittlerer Hitze.
Mache ein weißes Eis und rotes Eis von Allkärmes*,
streue länglich geschnittene Pistazien darüber

*Alkermes, Kermes-Körner, Scharlach-Beer – Pflanzengallen auf den Blattunterseiten eines Eichengewächses, es handelt sich um rote Körner. Im 17. und 18. Jh. begehrter roter Farbstoff – Scharlach – für Medizin und Textilverarbeitung, der in Pulverform und als Sirup gehandelt wurde.

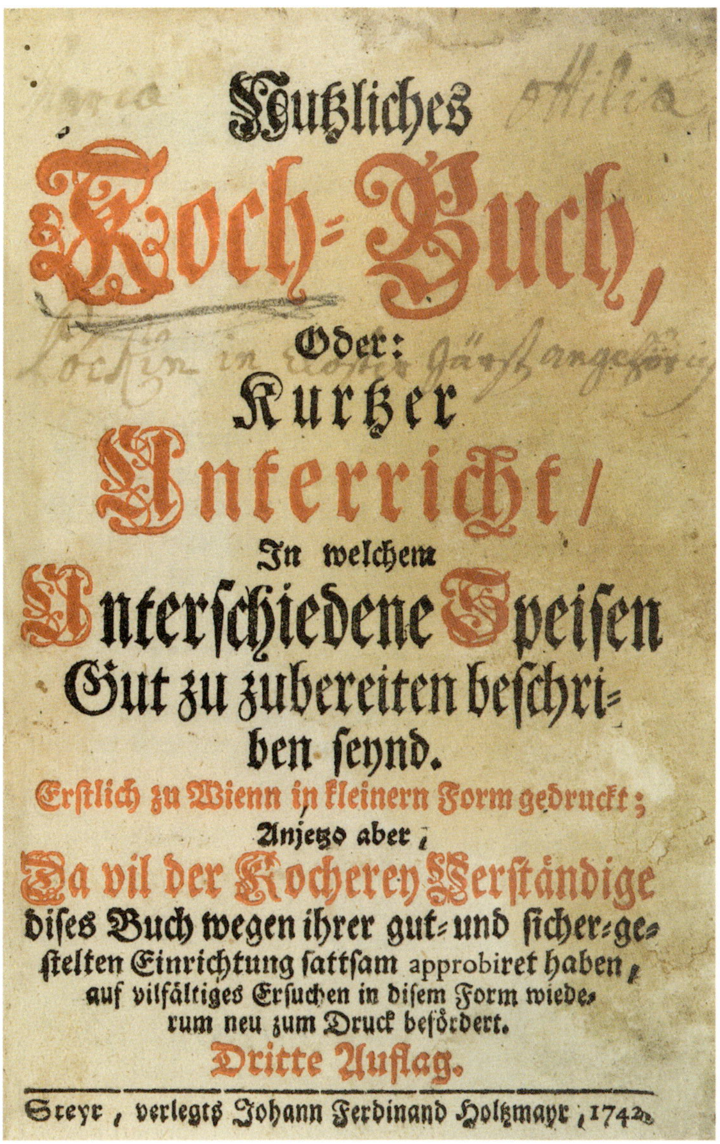
Nutzliches
Koch=Buch,
Oder:
Kurtzer
Unterricht/
In welchem
Unterschiedene Speisen
Gut zu zubereiten beschri=
ben seynd.
Erstlich zu Wienn in kleinern Form gedruckt;
Anjetzo aber,
Da vil der Kocherey Verständige
dises Buch wegen ihrer gut= und sicher=ge=
stelten Einrichtung sattsam approbiret haben,
auf vilfältiges Ersuchen in disem Form wiede=
rum neu zum Druck befördert.
Dritte Auflag.
Steyr, verlegts Johann Ferdinand Holtzmayr, 1742.

Nutzliches Koch=Buch. Steyr 1742. Titelblatt

Num. 330. Lintzer=Torten andere Art

Nihm zu einer Torten in einem Weidling anderthalb Vierting frischen Butter, treibe denselben schön pflämig ab, 1. Pfund klein=gestossene Mandeln, ein Viertelstund abgetriben, ein halb Pfund gefähten Zucker darein gerührt, treibe es in allem ab 3. Viertelstund; auf die letzt rühre darunter von einen Lemoni die Schäler k(l)ein geschnitten, den Saft darein gedruckt, eine geribene Muscatnuß, 8. Loth Mund-Mehl, wohl verrührt; mache es hernach in allem, wie bey vorbemeldter schön langsam gebachen.

Nimm für eine Torte 210 g frische Butter und rühre sie in einem Weitling schön flaumig.
560 g geriebene Mandeln einrühren,
280 g Staubzucker dazu und weiterrühren.
Zuletzt die klein geschnittene Schale einer Zitrone und den Saft zufügen,
sowie eine geriebene Muskatnuss und
140 g weißes Mehl, gut verrühren.
Danach wie beim vorhergehenden Rezept verfahren und schön langsam backen.

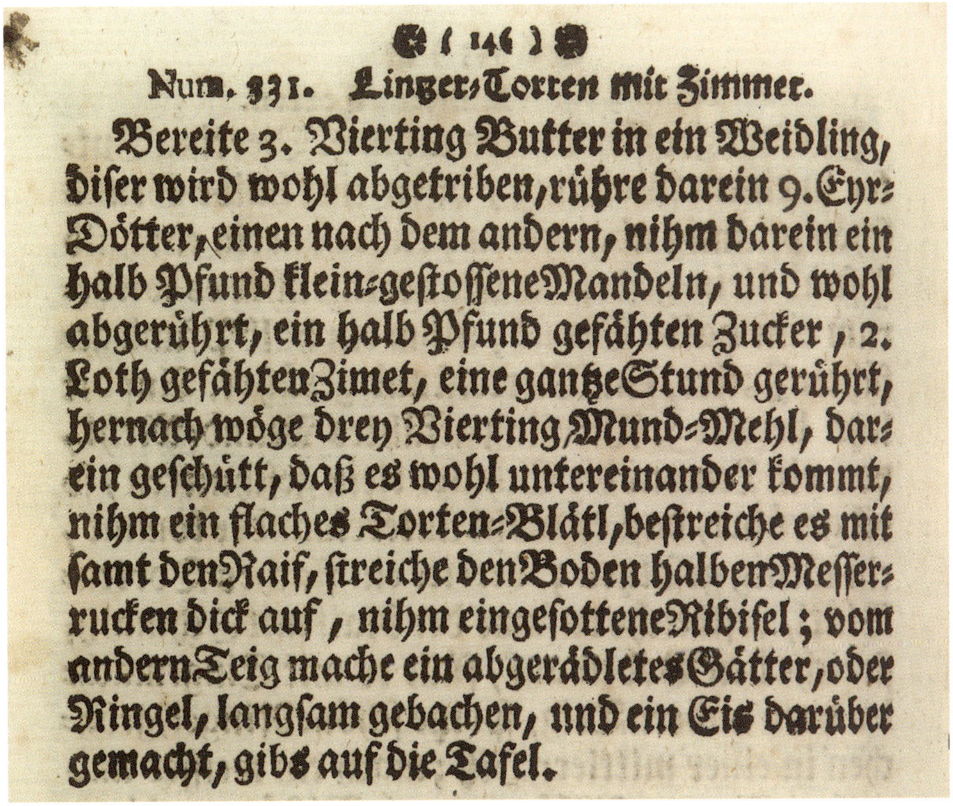

(146)

Num. 331. Linzer=Torten mit Zimmer.

Bereite 3. Vierting Butter in ein Weidling, diser wird wohl abgetriben, rühre darein 9. Eyr=Dötter, einen nach dem andern, nihm darein ein halb Pfund klein=gestossene Mandeln, und wohl abgerührt, ein halb Pfund gefähten Zucker, 2. Loth gefähten Zimet, eine gantze Stund gerührt, hernach wöge drey Vierting Mund=Mehl, darein geschütt, daß es wohl untereinander kommt, nihm ein flaches Torten=Blätl, bestreiche es mit samt den Raif, streiche den Boden halben Messerrucken dick auf, nihm eingesottene Ribisel; vom andern Teig mache ein abgerädletes Gätter, oder Ringel, langsam gebachen, und ein Eis darüber gemacht, gibs auf die Tafel.

Num. 331. Lintzer=Torten mit Zimmet, Originalseite

Treibe 420 g Butter in einem Weitling ab.
Rühre 9 Eidotter –
einen nach dem anderen – ein, weiters 280 g geriebene Mandeln, 280 g Staubzucker und 35 g Zimtpulver. Alles gut abtreiben. Danach 420 g weißes Mehl einarbeiten. Eine Tortenform befetten, den Teig halb-messerrückendick aufstreichen, eingekochte Ribisel einfüllen. Vom restlichen Teig ein Gitter ausradeln oder Ringel formen. Langsam backen und ein Eis darüber machen, zur Tafel geben.

Gartler/Hikmann: Wienerisches bewährtes Kochbuch 1799. Titelseiten

Wienerisches bewährtes Kochbuch in sechs Absätzen. Enhält Tausend fünfhundert achtzig Kochregeln für Fleisch- und Fasttäge... Anfangs herausgegeben von Ignaz Gartler, nunmehro verb. und verm. von Barbara Hikmann. 22. Aufl. Wien, Joseph Gerold 1799 ***I-17920***

Dieses Kochbuch ist ein Küchenklassiker. Es wurde – von immer wieder wechselnden Autoren bearbeitet und vermehrt – oftmals aufgelegt und galt als Standardwerk um 1800. In diesem Kochbuch sind nicht weniger als sechs Linzer-Torte-Rezepte vermerkt!

N. 1150 „Linzertorte abgetriebene"
N. 1151 „Linzertorte gebröselte"
N. 1152 „Linzertorte geringelte" (völlig identisch mit No. 329 „Linzer=Torten" aus „Nutzliches Koch=Buch" 1742!)
N. 1153 „Linzertorte gerührte"
N. 1155 „Linzertorte mit Zimmet"

458 Fünfter Absatz. I. Abschnitt.

N. 1154. Linzertorte mit Mandeln.

Treibe 1 Pfund Butter in Weidling recht pflaumig ab, hernach verrühre recht gut 1 Pfund geschwällte und fein gestossene Mandeln, und vier Eyerdötter, jeden gut verrühret, alsdann rühre ein Pfund gesiebten Zucker, 1 Quintl gestossene Gewürznagerl, eine halbe geriebene Muskatnuß, 1 halb Loth fein gestossenen Zimmet, von einer ganzen Limonie klein geschnittene Schäller darein, zuletzt verrühre recht gut 1 Pfund Mehl, alsdann thue die Hälfte von Taig auf ein mit Butter beschmiertes Tortenblattel, und streiche ihn mit einen Messer auseinander, alsdann streiche Salsen, was für eine ist, darauf, schmiere einen Reif mit Butter, mache ihn um das Blattel herum, von den übrigen Taig mache ein gestangeltes Gitter darauf, backe sie 5 Viertelstund in der Tortenpfanne, alsdann mache ein weisses und rothes Eis darüber, streue fein geschnittene Pistazen darauf, und laß nochmal in der Tortenpfanne trocknen.

N. 1154 „Linzer Torte mit Mandeln"

Treibe 560 g Butter in einem Weitling recht flaumig ab. Danach rühre 560 g geschwellte, geriebene Mandeln ein und einzeln 4 Eidotter. Dann 560 g Staubzucker einarbeiten und 5 g Nelkenpulver, eine halbe geriebene Muskatnuss, nicht ganz 10 g Zimtpulver, die klein geschnittene Schale einer Zitrone zugeben. Zuletzt verrühre recht gut 560 g Mehl damit. Dann gib die Hälfte des Teiges in eine befettete Tortenform, glätte ihn mit einem Messer, streiche beliebige Fruchtfülle darauf, mache vom übrigen Teig ein gestängeltes Gitter darauf, backe 5 Viertelstunden. Dann mache ein weißes und rothes Eis darüber, streue fein geschnittene Pistazien darauf und lasse trocknen.

Reinlichkeit

Das
neue, große, geprüfte und bewährte
Linzer Kochbuch
in zehn Abschnitten.
Enthält
ein tausend acht hundert zwey
Kochregeln für Fleisch= und Fasttage,
sehr
deutlich und faßlich beschrieben.

Nebst einem
Anhange in zwey Abschnitten,
worin ein allgemeiner Unterricht vom Kochen überhaupt, von der Ordnung, von der Reinlichkeit, von der Zierlichkeit im Anrichten, von dem Fleiße, von der Sparsamkeit, vom Transchiren und Vorlegen gründlich und ausführlich abgehandelt wird.

Beygefügt sind noch:
Mehrere bequem eingerichtete Speiszetteln, nebst einem vollständigen alphabetischen Register.

Verfaßt von
Maria Elisabetha Meixner,
geb. Niederederinn.

Dreyzehnte, verbesserte und mit 431 Speisen vermehrte Auflage.

Linz, 1846.
Im Verlage der k. k. priv. akad. Kunst=, Musik= und Buchhandlung des Friedrich Eurich und Sohn.

M.E. Niedereder/Meixner: Linzer Kochbuch 13. Aufl. 1846. Titelseiten

Maria Elisabetha Niedereder: Das neue große geprüfte und bewährte Linzer Kochbuch in zehn Abschnitten, enthält ein tausend drey hundert sechs und achtzig Kochregeln für Fleisch- und Fasttäge sehr deutlich und faßlich beschrieben... Linz, Verl. der k.k. priv. akademischen Kunst- Musik- und Buchhandlung 1804 ***I-17153***

Dieses relativ frühe, regionale Kochbuch erfreute sich gleich bei seinem Erscheinen so großer Beliebtheit, dass bis 1855 18 Auflagen erschienen sind. Neben der amüsanten Lektüre bietet es einen interessanten Beitrag zur Entwicklung der Kochstelle. Die Titelkupfer zeigen Köchinnen mit wechselnden „Hauben", sogar mit der klassischen Goldhaube, die wohl kaum jemand in der Küche getragen hat! Die Verfasserin war Köchin im Kremsmünsterer Stiftshaus in Linz. Sie starb 1822.
Die Erstausgabe 1804 enthält drei Linzer-Torte-Rezepte. Der 2. Auflage 1807 wurde ein weiteres Rezept beigefügt. Bis zur letzten Auflage 1855 wurden diese Rezepte unverändert beibehalten.

Im Abschnitt Acht „Von Torten, und verschiedenen Backereyen" sind die vier Rezepte vermerkt:
„Linzertorten" – mit hart gekochten Eidottern, geschälten Mandeln und Ribiselfülle
„Linzertorte anderer Art" – ohne Eier, Gitter-Teig mit einem Brandstrauben-Model aufgebracht
„Linzertorte mit Zimmet" – mit Zimt undWeinbeeren oder Ribiseln als Füllung

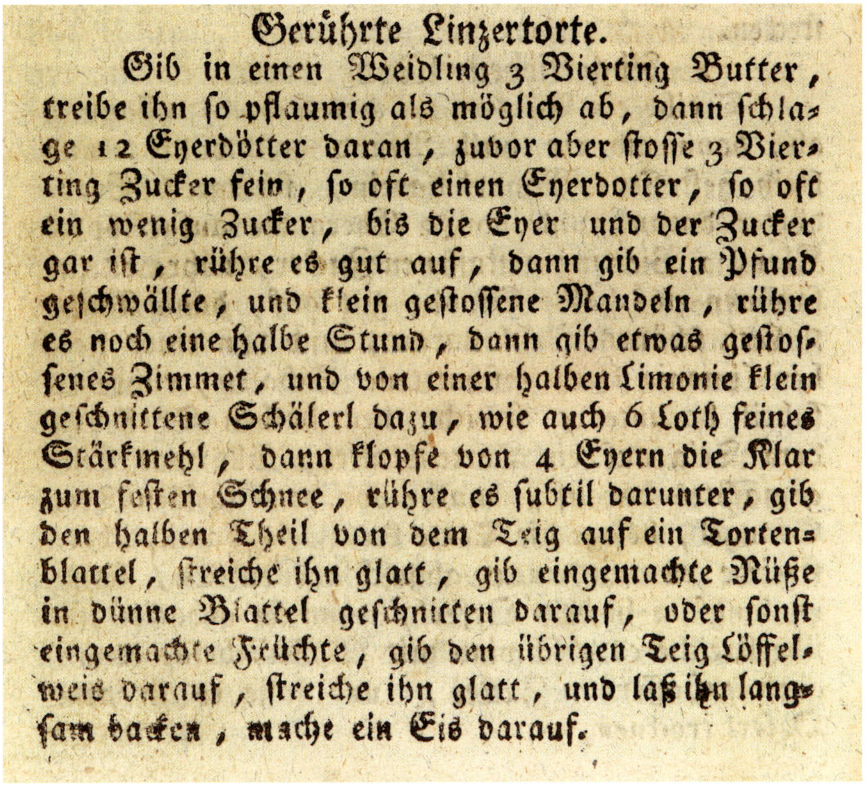

Gerührte Linzertorte.

Gib in einen Weidling 3 Vierting Butter, treibe ihn so pflaumig als möglich ab, dann schlage 12 Eyerdötter daran, zuvor aber stosse 3 Vierting Zucker fein, so oft einen Eyerdotter, so oft ein wenig Zucker, bis die Eyer und der Zucker gar ist, rühre es gut auf, dann gib ein Pfund geschwällte, und klein gestossene Mandeln, rühre es noch eine halbe Stund, dann gib etwas gestossenes Zimmet, und von einer halben Limonie klein geschnittene Schälerl dazu, wie auch 6 Loth feines Stärkmehl, dann klopfe von 4 Eyern die Klar zum festen Schnee, rühre es subtil darunter, gib den halben Theil von dem Teig auf ein Tortenblattel, streiche ihn glatt, gib eingemachte Nüße in dünne Blattel geschnitten darauf, oder sonst eingemachte Früchte, gib den übrigen Teig Löffelweis darauf, streiche ihn glatt, und laß ihn langsam backen, mache ein Eis darauf.

Niedereder/Meixner: Linzer Kochbuch 2. Aufl. 1807 „Gerührte Linzertorte"

Gib in einen Weitling 420 g Butter und treibe ihn so flaumig wie möglich ab, dann rühre 12 Eidotter abwechselnd mit 420 g Staubzucker ein. Gib 560 g geschwellte, geriebene Mandeln dazu und verrühre gut. Dann noch etwas Zimtpulver und von einer halben Zitrone die klein geschnittene Schale, sowie 105 g feines Stärkemehl unterheben.
4 Eiklar zu Schnee schlagen und vorsichtig einziehen.
Die Hälfte des Teiges in eine Tortenform streichen, eingemachte Nüsse in dünne Blättchen geschnitten oder sonstige eingemachte Früchte einfüllen, den übrigen Teig aufbringen und glatt streichen. Langsam backen und ein Eis darauf machen.

M. K. Daisenberger: Vollständiges Kochbuch für alle Stände. Nürnberg 1843. Titelbild

GESAMTVERZEICHNIS DER KOCHBUCHMANUSKRIPTE DER BIBLIOTHEK DES OBERÖSTERREICHISCHEN LANDESMUSEUMS

Sign. MS	Datierung	Titel	Bemerkungen/Linzer Torte auf Seite/Blatt
118	1646	Koch Püech Regina Hoffmayrin gehorig. Edler vnd Vester insonders 1669 J(ahr)	Arzneirezepte; verschiedene Hände 118 Bl.
119	1749	Koch-Buech zuegehörig Maria Francisca Voglin 17 Anno 49	zwei zusammen gebundene Kochbücher! 181 Bl. **12r**
119	1738	Kochbuech Aller Hand Suppen Werch und speißen auf underschidliche Weiß vnd Manier auf die Taffl zu ver=fertigen. Ao. 1738	Zwei zusammen gebundene Kochbücher! 222 S.
120	1724	Kochbuch. Oberösterreich. 1. Hälfte 18. Jh.	73 Bl. 11
121	1748	Koch:Buech: Allerhand Warmber Speißen: Auch Dortten Und Bastötten. 17 Anno 48	Register; 247 Bl. 144
123	1700	Koch Buech Darinen von vnderschiedlichen Sachen zu finden vnd herauß zu=nehmen seint, vnd selbige auf vnderschiedliche Weis vnd Mannier zu Kochen sich befinden. Der Villgeehrten Jungfrau Hellena Haffnerin gebohrne Linzerin ihr gehörig. Angefangen zuschreiben den 24 Juny Anno 1700ten Jahrs	Pergamentrücken, beide Deckel mit Inkunabeldruck überzogen 46
124		Kochbuch. 2. Hälfte, 18. Jh.	am Ende Kräuterwässer und –weine, Essenzen und Elixiere und deren Verwen dung, Rezepturen; **298 S.**
125	1787	Kochbuch 1787	Verschiedene Hände, 138 Bl. **88r**
126	1819	Koch Buch für mich Anna Minimeyerin, Linz den 25ten December 1819	50 Bl.
127	1772	Linzer Kochbuch 1772. Koch Buch von allerhand Rarn auch approbirten Warmen Speisen, wie auch von aller=hand Torten und Pfannen Gebächt Item von Kocht und eingemachten Früchten Geschrieben 17 Anno 72	176 Bl. 219 234
128	1762	Koch-Buch Der Magdalenä Peterlehnerin gehörig Anno 1762	343 S., Register

Sign. MS	Datierung	Titel	Bemerkungen/Linzer Torte auf Seite/Blatt
129		Daß Leben eines Speiß= oder Kuchl=buchs, darin sich ein kochin in vnderschiedlichen bechwerk, supen, vnd anderen gemachen zu vnderichten wisse. E.M.B. 1.Hälfte 18. Jh.	Pergamentrücken, 4 Bl., 135,131,370 S.
130	1790	Ein Bewertes Koch Buch Von Verschiedenen schönen Speissen Welches Geschriben worden in dem 1. 7. 90ten Jahr.	346 S **379** auf S. 211
131		Kochbuch. 1. Hälfte 19. Jh.	132 S. **90** **91**
132	1784	Koch=Buch zum Nachsehen im Jahre 1784	135 Bl. **2** **fol.48v**
133		Kochbuch. 1. Hälfte 18. Jh. Anna Maria Vißreytherin	durchgezählte Rezepte, verschiedene Hände 424 S.
134		Kochbuch. 2. Hälfte 18. Jh.	312 S.
135		Kochbuch. 1. Hälfte 18. Jh. Bezug zu „Mamseln Nannete Krug in Seissen Eck“	Inhaltsverzeichnis am Beginn; 12 Bl., 132 S. **48** **Anh.fol.2v**
136	1759	Kochbuch der Maria Roßalia Mayrwalterin Anno 1759	492 S.
137	1784	Koch=Buch 1784	„Speiszettel“ zu verschiedensten Anlässen; roter Pergamenteinbd., lose Rezepte inliegend, 377 S., 19 Bl. **109** **289**
138		Koch=Büchel. Mitte 18. Jh.	112 S.
139		Kochbuch. Mitte 19. Jh. (Leopoldine Lachinger)	„Mehlspeisen von der Meixner“; medizinische Rezepte; 86 Bl.
140	1776	Kochbuch der Maria Gabriela Tehhlerin von Liechtenau gebürtig als ein Verwalters Tochter 17 Anno 76	Großformat; TB u. fol.1 fehlen, fol.2 nur halb; Register; 222 gez. Bl., 24 ungez. Bl.
141		Kochbuch. 1. Viertel 19. Jh.	sehr inhaltsreich; Haushalts- u. medizinische Rezepte; 762 S., 24 Bl.

Sign. MS	Datierung	Titel	Bemerkungen/Linzer Torte auf Seite/Blatt
142		Koch Buech Anna Barbara Büchlerin zuege=hörig. Worinen allerhandt Khochereyen, sowoll von Warmben Speissen, allß von Gebächt Werckh sich befinden. Anfang 18. Jh.	Einbd. bemerkenswert: Rücken aus Pergamentstreifen einer Musikhandschrift; Einbanddeckel Seite eines alten Druckes; 83 gez. Bl., 39 ungez. Bl. **fol. 13v** zweite Zählg. **fol. 14r** zweite Zählg.
143		Kochbuch. Mitte 19. Jh.	Speiszettel; 247 S., 20 Bl.
144		Koch=Buch. 1. Hälfte 19. Jh.	verschiedene Hände; 101 S., 133 Bl. **129** **132**
145		Ein Schönes vnd Guetes koch Buech; Anfang 18. Jh.	380 S. **119** **249**
146	1826	Kochbuch für die Fanni Windbassinger 1826	Enthält Speiszettel; 168 Bl. **fol.73r**
147		Koch Buch T.L. 1. Hälfte 19. Jh.	schönes Register; 133 S., 45 Bl. **45**
148		Kochbuch. 1. Hälfte 19. Jh. (Leopoldinge Lachinger)	Haushaltsbuch mit Preisen aus den Jahren 1828 bis 1833 von rückwärts begonnen ; 133 Bl.
149	1757	Koch Puech der Maria Elisabetha Süeplin 1757; Katharina Meyner gehörig den 2ten Augusti 1799	Notizen über den Einmarsch der Franzosen in Linz 1805; Vereidigung der Bürger auf Napoleon; Preise des Jahres 1806; bemerkenswerter Ledereinband; 190 Bl. **19**
150	1803	Ein bewerhrtes Koch=Buch so von mir Elisabeth M(W)ilnauerin mit möglichen Fleis 1803 beschriben worden	bemerkenswerter Kalbsledereinband; Gedichte eines Franz Lang; Rezeptzettel, Verzierung; 185 S. **Beil.1,1v** **Beil.1,2r** **Beil.1,3r** **164 auf S.120** **237 auf S.184**

Sign. MS	Datie-rung	Titel	Bemerkungen/Linzer Torte auf Seite/Blatt
151		Kochbuch. 2. Hälfte 18. Jh.	329 S., 12 Bl. **267** **277**
152		Kochbuch. 1. Hälfte 19. Jh.	254 S. **201,Rez.6** **202,Rez.7** **202,Rez.8**
153		Kochbuch. 1. Hälfte 19. Jh.	214 S., 13 Bl. **122** **123** **164** **Anh. 3r** **Anh. 4v**
154		Kochbuch. 19. Jh. 2 Bände	verschiedene Hände 191 S., 15 Bl.; 201 S., 10 Bl. **Bd.1,15** **Bd.1,Anh. fol.9v**
155		Bewährtes Kochbuch. Kochbuch ausprobirt der Anna Hladky; 1. Hälfte 19. Jh.	verschiedene Hände; 78 Bl. **139 auf fol.38r** **140 auf fol.38v** **141 auf fol.38v**
156	1830	Linzer Kochbuch mit Kochregeln für Fleisch und Fastage. Anna Dinstel 1830	140 Bl. **93**
157	1835	Kochbuch mit Speisen in Fleisch und Fasttäg der Pauline Riederer gehörig ano 1835 . Rechnen Buch vor dem Leopold Riederer 1786	31 Bl.
158		Kochbuch. 1. Hälfte 19. Jh. (Leopoldine Lachinger)	92 Bl. **67**
160		Kochbuch. Maria Reich, Köchin. 1. Hälfte 19. Jh.	26 Bl. **fol.12v 42** **fol.23 r 81**
161		Kochbuch. 1. Hälfte 19. Jh.	118 S. **82**
162		Kochbuch. 1. Hälfte 19. Jh.	2 Hefte; 14 Bl.; 38 Bl.
164		Rezeptheft 1. Hälfte 19. Jh.	20 Bl.
165	1822	Fanny v. Herold aus Stoder	genähter Rücken, Tintenfraß; **19v** **31r**
166		Kochbuch. 1. Hälfte 19. Jh.	Heftform; 78 Bl.
167		Kochbuch. 1. Hälfte 19. Jh.	Heftform; 205 S. (13-32 fehlt) **H.6,112**

Sign. MS	Datierung	Titel	Bemerkungen/Linzer Torte auf Seite/Blatt
168	1825	Kochbuch. Franziska Pirkmayr Den Julli Anno=1825 F. Pirkmayr war Brauerstochter in Waidhofen a.d.Ybbs, später verehel. Pumb, Wachsziehersgattin in Enns	zwei Hefte; 24 und 40 Bl.
169		Kochbuch. 1. Hälfte 19. Jh.	Konfekte; 372 S. **189**
211		Kochbuch. 1. Hälfte 19. Jh. Besitz der Rosina Pumb, Enns	Heftform; 29 Bl.
212	1822	Kochbuch. Gmunden den 14ten May 1822 Barbara Danner gehörig.	50 Bl.
213	1822	Gut erproptes Kochbuch Anna Lang den 30ten 8ber 1822; St.Florian Stiftsküche	Rezeptzettel; 94 Bl. **89v** **30v** **66r** **67r** **67v**
214		Koch=Buch für Antonia Paumfried. 1. Hälfte 19. Jh.	Speis Zettel; Büffetordnung; 603 S. **258** **528**
215		Kochbuch für Therese Wagner. Mitte 19. Jh.	auch medizinische Rezepte; 112 Bl.
216		Kochbuch [der Therese Wagner] 19. Jh.	103 Bl. **fol.27r Rez.139** **fol.27v Rez. 141** **fol.44r Rez. 42** **fol.49r Rez. 68** **fol.50r Rez. 79** **fol.61r Rez. 147**
217		Koch Buch Verschiedener Fleisch= und Fasten=Speisen. Anfang 19. Jh.	83 Bl. **fol.55r**
218		Kochbuch – Enthaltend Die Bereitungsart verschiedener Torten, dann anderer Bäckereien, und Speisen. Mitte 19. Jh. Domherrenküche Linz um 1810; Mutter des Druckereibesitzers Wimmer	187 S.
219	1850	Kochbuch der Fleischspeisen pro Rosine Pumb, Enns am 29/10 1850	18 Bl.
220	1858	Kochbuch der Mehlspeisen pro Rosine Pumb, Enns am 30. Oktober 1858	22 Bl. **fo. 22r** **fo. 22v**

Sign. MS	Datie-rung	Titel	Bemerkungen/Linzer Torte auf Seite/Blatt
222	1818	Kochbuch für Fleischspeisen Josepha Feichtinger Linz den 22 August 1818	133 Bl.
223	1818	Kochbuch für Fastenspeisen Josephine Feichtinger 1818	149, 10 Bl. 439 445 Anh.123 oben Anh. 123 unten Beil.13
224		Lamplisches Kochbuch. 1. Hälfte 19. Jh.	32 Bl. fol.5 Rez.7 fol.29r
225		Bruchstück eines Kochbuches. 1. Hälfte 19. Jh.	10 Bl.
226		Kochbuch (unvollständig). 1. Hälfte 19. Jh.	einzelne, geheftete Lagen; 182 Bl.
332		Rezeptsammlung. 1. Hälfte 19. Jh.	49 lose Blätter verschiedenen Formates fol.11
333		Kochbuch. 3 Teile. 1. Hälfte 19. Jh.	24 Bl.; 9 Bl.; 10 Bl.
334		Kochbuch. 98 Rezepte. 1. Hälfte 19. Jh.	22 Bl. Rez. 3
335		Kochbuch. 1. Hälfte 19. Jh.	41 Bl.
336		Kochbuch für Marie Adam. 1. Hälfte 19. Jh.	verschiedene Hände, 24 Bl. 9v
337	1824	Kochbuch für Kadinka Paumfried. 1824	35 Bl.
359	1764	Koch-Buch. Worinnen die Niedlichkeit der kostbahresten Tortten Kräpfeln, Koch, Sulzen und anderer delicatessen, wie nicht minder einige zur Würthschafft gehörige Anmerckungen zusamen getragen worden zum Gebrauch der Jungfrau Josepha Fetzerin Anno 1764 in Neustadt, Grätz 1766	verschiedene Hände 26 42 fol.16

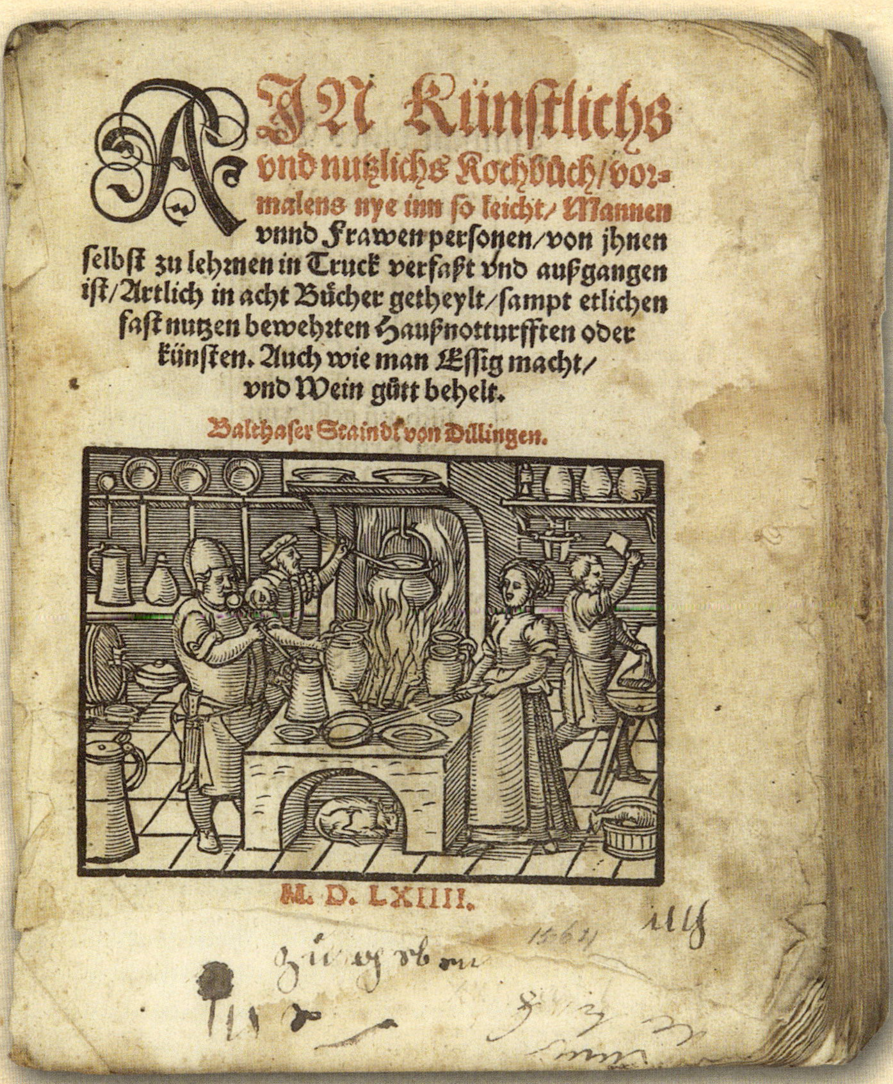
AIN Künstlichs
vnd nutzlichs Kochbůch/vor-
malens nye inn so leicht/ Mannen
vnnd Frawen personen/von jhnen
selbst zu lehrnen in Truck verfaßt vnd außgangen
ist/Artlich in acht Bücher getheylt/sampt etlichen
fast nutzen bewehrten Haußnotturfften oder
künsten. Auch wie man Essig macht/
vnd Wein gůtt behelt.

Balthaser Staindl von Dillingen.

M. D. LXIIII.

Titelblatt eines der ältesten, gedruckten Kochbücher der Museumsbibliothek
Ain Künstlichs und nutzlichs Kochbuch / Balthaser Staindl von Dillingen.
Augspurg, Mattheus Franck 1564

Literaturliste

Schlager, L.: Linzer Torte. Linz, Landesverl. 1990

Rottleuthner, W.: Alte lokale und nichtmetrische Gewichte und Maße und ihre Größen nach metrischem System. Innsbruck, Wagner 1985

Maier-Bruck, Franz: Das große Sacher Kochbuch. Herrsching 1975

Klever, U.: Alte Küchengeräte – Backen und Kochen. München 1979

Zedler, Johann Heinrich: Großes vollständiges Universal- Lexikon aller Wissenschafften und Künste. Halle und Leipzig, Johann Heinrich Zedler 1732–1754

Krünitz, Joh. G. : Oekonomisch-technologische Encyklopädie, oder allgemeines System der Staats-, Stadt-, Haus- und Landwirthschaft und der Kunst-Geschichte in alphabetischer Ordnung. Teilw. 2. Aufl. Berlin 1782–1858

Geschmacksache. Kochbücher aus dem Museum für Volkskunde. Ausstellungskatalog 1995/96 von Sabine Verk u. a. Berlin 1995

Oberösterreich Archiv. OA 04065. Alltag und Fest. Andrea Euler: Das Linzer Kochbuch. Archiv-Verlag

Studien zur Kulturgeschichte von Oberösterreich
Schriftenreihe

1	Der Meister des Kefermarkter Altars ISBN 3-900746-62-1	VERGRIFFEN
2	Pichler, Werner: Die Felsbilder der Kienbachklamm. Ausst. im Schloßmuseum Linz 1994 ISBN 3-900746-62-21	VERGRIFFEN
3	Der Münzfund von Treubach. Mittelalterl. Münzschatz. Ausst. Schloßmuseum Linz 1995 ISBN 3-900746-74-5	VERGRIFFEN
4	Prokisch/Dimt: Das Museum Francisco Carolinum in Linz. Festschr. zum 100.Jahrestag der Eröffnung 1995 ISBN 3-900746-81-8	14,53
5	Hippmann, Fritz: Münzen und Geldersatzmittel Numismata Obderennsia 1. 1995 ISBN 3.85474-008-5	92,–
6	Etzlstorfer, Hannes: Die Kunstsammlungen des Stiftes Wilhering. Beschreibender Katalog. 1997 ISBN 3-85474-018-2	23,26
7	Volkskunde. Erforscht, gelehrt, angewandt. Festschrift für Franz C.Lipp zum 85.Geburtstag. 1998 ISBN 3-85474-028-X	23,26
8	Hippmann, Fritz: Medaillen und verwandte Objekte T.2= Oberösterreich allgemein. Numismata Obderennsia 3. 1999. ISBN 3-85474-045-X	28,92
9	Die römische Straßenstation Gabromagus (Windischgarsten). Ausgrabungen und Funde. 2000. ISBN 3-85474-052-2	28,34
10	Dimt, Gunter: Egger obs Moos. Ein Beispiel interdisziplinärer Bauforschung. 2000. ISBN 3-85474-047-6	28,92
11	Schultes, Lothar: Die gotischen Flügelaltäre Oberösterreichs. Band 1 = Von den Anfängen bis Michael Pacher. 2002 ISBN 3-85474-080-8	VERGRIFFEN
12	Schultes, Lothar: Die gotischen Flügelaltäre Oberösterreichs. Band 2	IN VORBEREITUNG
13	Faißner, Waltraud: „Wie mann die Linzer Dorten macht“ Histor. Rezepte zur „Linzer Torte“ aus der Kochbuchsammlung der Bibliothek des OÖ. Landesmuseums. 2004 ISBN 3-85474-117-0	25,–

Ein besonderer Dank der Verfasserin ergeht an Frau Dr. Heidelinde Dimt, die durch ihre Ermutigung und Unterstützung wesentlich zum Erscheinen dieses Buches beigetragen hat und an alle Kollegen, die zur kritischen Verkostung der historischen Torten bereit waren.

edition M
Bibliothek der Provinz

Verlag für Literatur, Kunst und Musikalien